Joseph ITOUA

LES REPERES POLITIQUES ET CULTURELS DE L'HISTOIRE DU CONGO

Joseph ITOUA

LES REPERES POLITIQUES ET CULTURELS DE L'HISTOIRE DU CONGO

Dictus Publishing

Imprint

Any brand names and product names mentioned in this book are subject to trademark, brand or patent protection and are trademarks or registered trademarks of their respective holders. The use of brand names, product names, common names, trade names, product descriptions etc. even without a particular marking in this work is in no way to be construed to mean that such names may be regarded as unrestricted in respect of trademark and brand protection legislation and could thus be used by anyone.

Cover image: www.ingimage.com

Publisher:
Dictus Publishing
is a trademark of
Dodo Books Indian Ocean Ltd. and OmniScriptum S.R.L publishing group

120 High Road, East Finchley, London, N2 9ED, United Kingdom
Str. Armeneasca 28/1, office 1, Chisinau MD-2012, Republic of Moldova, Europe
Printed at: see last page
ISBN: 978-3-8473-8558-5

AVANT-PROPOS

Clé de voûte de la société, l'éducation civique et la formation aux valeurs jouent un rôle crucial dans la construction de l'individu, du citoyen et dans l'édification de la société.

Les valeurs constituent un socle d'idéaux normés et partagés qui encadrent le savoir, le savoir-faire, le savoir-être de l'individu et qui sont traduites dans la pensée et le discours, dans le comportement et les pratiques au quotidien.

Eduquer aux valeurs politiques et culturelles, c'est amener l'individu à adopter des attitudes et des comportements qui font de lui un citoyen éclairé, utile à son pays, soucieux du bien-être et du devenir de sa communauté, respectueux du bien commun, de la chose publique. En bref, c'est le préparer à son rôle de citoyen conscient, engagé, actif et responsable.

Eduquer aux valeurs politiques et culturelles est par conséquent une responsabilité que se partagent l'école, la famille, les médias et toutes les institutions assurant les missions d'éducation, de formation et d'encadrement. Il va de soi que l'école, creuset de la formation par excellence, en assume la grande part.

Il s'agit donc de transmettre à l'individu les valeurs de la République acceptées par tous, de favoriser le développement des aptitudes nécessaires au vivre ensemble dans une République souveraine, unitaire et indivisible, décentralisée laïque et démocratique. Il s'agit donc de la consolidation d'un héritage républicain pour réaffirmer le sentiment national.

Les circonstances et le contexte actuels dans notre pays, caractérisés par un incivisme croissant, en milieu jeune surtout, ne nous obligent-ils pas à faire de l'éducation civique et la formation des valeurs une priorité ? Dans un pays comme le nôtre où le peuple est le souverain primaire, ne serait-il pas judicieux d'intéresser le citoyen à la gestion en toute responsabilité de la chose publique ?

Ce sont ces interrogations essentielles qui font l'objet du présent opuscule qui porte sur « Les repères politiques et culturels de l'histoire du Congo ». La connaissance de ces repères par le citoyen congolais lui permet de se former dans le civisme et l'acquisition des valeurs républicaines.

Les valeurs constituent un socle d'idéaux normés et partagés qui encadrent le savoir, le savoir-faire, le savoir-être de l'individu et qui se déclinent dans la pensée et le discours, comme dans le comportement et les pratiques au quotidien.

Afin de poursuivre l'objectif susmentionné, le présent opuscule comprend quatre principaux points :

-la proclamation de la République et de l'indépendance du Congo ;

-les fêtes au Congo ;

-les valeurs de la République ;

-le patrimoine culturel congolais.

Nous nous sommes efforcés, en traitant ces points, de rester simple, clair et bref ; nous nous sommes gardés de nous laisser entraîner à des développements qui pourraient paraître obscurs aux citoyens congolais auxquels ce livre est destiné. Quelques points peuvent être complétés par d'autres lectures, qui apporteront des éclairages à une matière un peu aride en études en République du Congo.

Notre souhait est que le citoyen congolais fasse une utilisation judicieuse de ce livre pour l'amélioration de la qualité de notre vivre-ensemble.

LA PROCLAMATION DE LA REPUBLIQUE ET DE L'INDEPENDANCE DU CONGO

I. LA PROCLAMATION DE LA REPUBLIQUE DU CONGO

Le 28 septembre 1958 sous l'initiative du général De Gaulle, la France adopte, par référendum, une nouvelle Constitution qui institue la Vème République. Ce référendum a lieu en France et dans tous les territoires d'Outre-mer. Au Moyen-Congo, le « oui » l'emporte avec 99% de voix. C'est le 4 octobre 1958 que la nouvelle Constitution est promulguée.

Le 28 novembre 1958, à Pointe-Noire (chef-lieu du Moyen-Congo) se tient la 12ème séance de l'Assemblée territoriale issue des élections du 31 mars 1957. La séance est dirigée par le président de l'Assemblée Christian Jayle. Paul-Charles Deriaud, Gouverneur du Moyen-Congo dans son allocution de circonstance, invite l'Assemblée territoriale à se prononcer sur le statut futur du territoire. Celle-ci doit répondre aux questions suivantes :

-Pour ou contre l'adhésion à la Communauté Franco-africaine ?

-Pour ou contre la proclamation de la République ?

Au cours de cette séance qui se déroula en deux phases, d'abord en matinée de 9h30 à 12h30, puis l'après-midi de 14h30 à 17h30, les conseillers territoriaux vont prendre plusieurs décisions :

-**première décision** : l'Assemblée érige le territoire du Moyen-Congo en Etat autonome ;

-**deuxième décision** : l'Etat autonome du Moyen-Congo prend le nom de République du Congo ;

-**troisième décision** : l'Assemblée territoriale devient l'Assemblée législative ;

-**quatrième décision** : les conseillers territoriaux portent désormais le nom de députés ;

-**cinquième décision** : la capitale de la République du Congo est transférée provisoirement à Brazzaville.

Ce transfert de la capitale, de Pointe-Noire à Brazzaville est la conséquence des incidents qui avaient émaillé la journée, à la suite de la défection du député Georges Yambot qui avait quitté le Mouvement Socialiste Africain (MSA) de Jacques Opangault pour rejoindre l'Union Démocratique pour la Défense des Intérêts Africains (UDDIA) de l'abbé Fulbert Youlou ;

-sixième décision : le Premier ministre de la République du Congo est investi par l'Assemblée provisoire. C'est l'abbé Fulbert Youlou dont le parti était désormais majoritaire qui sera investi ;

-septième décision : Robert Stéphane Tchichellé est nommé comme Ministre de l'Intérieur par le Premier ministre, Fulbert Youlou ;

-huitième décision : le siège de l'Assemblée législative et du gouvernement est fixé à Brazzaville.

D'autres décisions seront prises, telles :

-le conseil de gouvernement devient le gouvernement provisoire ;

-le poste de Vice-président du conseil de gouvernement change en celui de Premier ministre, Chef du gouvernement provisoire ;

Plusieurs conséquences vont découler de ces décisions. Ainsi :

-le premier gouvernement Youlou est formé, le 8 décembre 1958 à Brazzaville ;

-les troubles sociaux éclatent à Pointe-Noire dans la semaine qui suivit la proclamation de la République. A Brazzaville, ils surviennent le 16 février 1959, opposant les tribus du Nord favorables à Opangault à celles du Pool liées à Youlou. Elles firent des centaines de morts et de blessés ;

-Jacques Opangault, considéré comme l'instigateur des troubles est arrêté et incarcéré à la Maison d'arrêt ;

-l'Assemblée législative est dissoute et des élections anticipées sont prévues. C'est d'ailleurs la principale revendication de Jacques Opangault. Ces élections sont fixées au 14 juin 1959.

Elles vont consacrer la suprématie de l'UDDIA de l'abbé Fulbert Youlou qui, grâce à un nouveau découpage électoral, obtient la majorité absolue à la nouvelle Assemblée.

Les différentes sessions de la nouvelle Assemblée vont décider d'autres mesures : la transformation de l'Assemblée législative en Assemblée Nationale, l'élection d'Alphonse Massamba-Débat au poste de président de ladite Assemblée, l'adoption de la devise nationale : *« Unité-Travail-Progrès »*, de l'hymne national : *« La Congolaise »*, des armoiries de la République et du drapeau national avec ses trois couleurs : « Vert-Jaune-Rouge ».

C'est suite à la loi constitutionnelle N°11 du 21 novembre 1959 relative à la mise en place de la Présidence de la République du Congo que l'abbé Fulbert Youlou, Premier ministre, est élevé à la Magistrature suprême : il devient Président de la République, Chef du gouvernement, cumulativement avec sa fonction de Maire de la ville de Brazzaville.

II. LES ACCORDS BILATERAUX CONGO-FRANCE

1. Les accords de Matignon à Paris (France) 1960

Le 28 novembre 1958, la République du Congo est proclamée, avec le statut d'Etat autonome membre de la Communauté Franco-africaine. Cependant, ce statut ne constitue pas un obstacle à la revendication de l'indépendance. C'est ce à quoi va s'atteler l'élite politique locale qui, à l'unanimité choisit l'autodétermination.

Dans cette perspective une délégation composée des responsables des différents partis politiques est envoyée à Paris négocier les traités de transfert de compétences entre la France et le Congo. Autrement dit, pour les politiques congolais, le Congo doit passer du statut d'autonomie à celui d'indépendance complète.

Les accords de transfert de compétences internationales à la République du Congo, exercées jusque-là par la France, sont signés, le 26 juillet 1960, à l'hôtel Matignon à Paris. Pour la partie congolaise, ils sont signés par l'abbé Fulbert Youlou qui a à ses côtés Jacques Opangault, Alphonse Massamba-Debat, Robert Stéphane Tchichellé, Bernard Mambéké-Boucher, Jean Severy, Delatre et Tamby. Pour la France, ces accords sont signés par Michel Debré, Premier ministre, assisté par Jean Foyer, Secrétaire d'Etat de la Communauté. A la même occasion, il est conclu également des accords de coopération entre la France et le Congo.

Le clou de tous ces accords est celui fixant la date de l'accession du Congo à l'indépendance, le 15 août 1960.

2. La mise en vigueur des accords entre la France et le Congo à Brazzaville 1960

La procédure requise pour la mise en vigueur des accords du 26 juillet 1960 s'est déroulée le dimanche 14 août 1960, dans le bureau du Haut-commissaire général à Brazzaville, en présence des délégations française et congolaise. La délégation française était composée par André Malraux, Ministre de la culture, représentant personnel du général De Gaulle, président de la République Française ; il avait à ses côtés Jean Foyer, Secrétaire d'Etat de la Communauté, Bourges et Georgy, Haut-commissaire.

La délégation congolaise était conduite par l'abbé Fulbert Youlou, président de la République ; il était accompagné par le Vice-président du conseil Robert Stéphane Tchichellé, des Ministres Prosper Gandzion, Pierre Goura et Victor Sathoud. Il y a aussi des membres de l'Assemblée Nationale notamment le président Alphonse Massamba-Débat, le Vice-président Jean Charles Mouanda, le Secrétaire général Maheu et le député Jean Severy.

La cérémonie est ponctuée par la lecture du communiqué final des accords bipartites conclus et la signature des procès-verbaux.

3. La ratification des accords de transfert de compétences et de coopération avec la France par la Chambre des députés (Assemblée Nationale) à Brazzaville 1960

Le 14 août 1960, l'Assemblée Nationale se réunit à Brazzaville, en session extraordinaire, conformément au décret N°60-219 du 2 août 1960 signé par le président de la République, l'abbé Fulbert Youlou. Cette session doit statuer sur la cérémonie de la proclamation de l'indépendance et la ratification des accords de coopération signés le 28 juillet 1960.

La session qui doit se dérouler en deux séances, le 14 au 15 août 1960 est présidée par Alphonse Massamba-Débat. Si la première séance est marquée par l'allocution du président Fulbert Youlou, celle du 15 août connaît plusieurs intervenants du côté congolais les allocutions sont celles d'Alphonse Massamba-Débat, président de l'Assemblée Nationale et de l'abbé Fulbert Youlou, président de la République. Tous les députés et tous les Ministres sont présents.

Pour la partie française, les allocutions sont prononcées par Jean Foyer et André Malraux.

Toutes les allocutions soulignèrent le rôle prépondérant du général De Gaulle dans la marche pacifique du Congo vers l'indépendance et affirment la volonté de chacun des deux Etats à garantir envers l'autre des relations fraternelles.

C'est après ces discours que les députés congolais ratifièrent, à l'unanimité, les différents accords de coopération.

III. L'INDEPENDANCE DU CONGO

Une nouvelle ère de l'histoire de l'Afrique en général, celle du Congo en particulier s'ouvre en 1960 ; c'est l'année des indépendances.

Celle du Congo est proclamée le 15 août à 00heures à l'esplanade du Palais du Haut-commissaire, devant les officiels congolais : le président de la République, l'abbé Fulbert Youlou ; le président de l'Assemblée Nationale, Alphonse Massamba-Débat ; le gouvernement et les députés. S'y trouvent également les représentants de la France.

La proclamation de l'indépendance est saluée par des coups de canon et les carillons des églises ; elle est ensuite suivie de la levée du drapeau national « *Vert-Jaune-Rouge* » sur le Palais et l'exécution de l'hymne « *La Congolaise* ». Il s'ensuivra une liesse générale. Ceux qui sont considérés comme les meneurs de la lutte ayant conduit le pays vers la liberté, les pères fondateurs de la nation congolaise sont portés en triomphe : l'abbé Fulbert Youlou, Jacques Opangault et Robert Stéphane Tchichellé.

C'est dans l'allégresse que la République du Congo accède à la souveraineté internationale, avec l'abbé Fulbert Youlou comme premier président.

IV. LES PIONNIERS DE L'INDEPENDANCE DU CONGO

Le concept « pionnier » renvoie à toute personne qui est la première ou parmi les premières à entreprendre une action ou une activité, préparant ainsi la voie à d'autres. Dans le contexte de cette étude, les pionniers ce sont les entités physiques ou morales qui sont les premières à avoir pris une part active dans les actions ayant abouti à la proclamation de l'indépendance de la République du Congo, de manière directe ou indirecte.

Toutefois, prétendre les identifier de manière exhaustive serait trop prétentieux. C'est pourquoi l'étude ne s'intéresse qu'aux acteurs les plus emblématiques dont les influences respectives ont laissé des empreintes vivaces considérables encore perceptibles dans la société congolaise, au regard des responsabilités qu'ils ont assumées aux plans politique et étatique. L'identification des principaux responsables de cette période s'avère- nécessaire pour comprendre l'évolution de la situation politique du Congo de cette époque. Sans faire leurs biographies détaillées, l'étude fait un bref aperçu de leurs vies et de leurs trajectoires politiques.

1. Jean Félix-Tchicaya (1903-1961)

Jean Félix-Tchicaya

Jean Félix-Tchicaya est né le 9 novembre 1903 à Libreville, au Gabon. Il est de l'ethnie Vili (sous-groupe Kongo). Il fait ses études à Libreville. Il obtint ensuite une bourse pour l'Ecole normale William Ponty de Dakar au Sénégal. Il en sort en 1924 avec le diplôme d'instituteur.

Il est affecté à Libreville. Il y enseigne pendant quelque temps, avant de changer de profession : il travaille dans l'administration à Libreville, puis comme comptable à Pointe-Noire.

Il est mobilisé dès le début de la Deuxième Guerre mondiale, en 1939 ; il s'engage au sein des Forces Françaises Libres (FFL) contre les forces nazies, jusqu'en 1945. Il est démobilisé avec le grade de sergent de réserve et décoré de « l'Etoile du Bénin » en sa qualité d'ancien combattant des FFL.

Il est à Marseille pour attendre le bateau devant le ramener à Pointe-Noire au Moyen-Congo lorsqu'il apprend que les notables Vili de cette ville ont porté sur lui leur choix pour être leur candidat aux élections à la première Assemblée nationale constituante française. Ces élections se déroulent le 21 octobre 1945 et leur candidat Jean Félix-Tchicaya est élu député de la circonscription électorale du Gabon et du Moyen-Congo au niveau du collège des non citoyens. Entré en politique malgré lui, il devient le premier représentant du Gabon et du Moyen-Congo au Palais Bourbon.

A Paris. Jean Félix-Tchicaya adhère au Mouvement de la Résistance Française (MURF) qui regroupe les communistes et d'autres progressistes. Ensuite avec d'autres élus africains comme Houphouët-Boigny de Côte-d'Ivoire, Filly Dabo Sissoko du Soudan et Apithy du Dahomey, il s'allie au groupe communiste.

C'est en 1946 qu'il crée, à Pointe-Noire (capitale du Moyen-Congo), le Parti Progressiste Congolais (PPC), premier parti politique du Moyen-Congo ; il a pour emblème la panthère.

De nouvelles élections ont lieu en juin 1946 dans les territoires d'Afrique (et) d'Outre-mer. Jean Félix-Tchicaya est élu dès le premier tour pour le compte du deuxième collège.

Le 18 octobre 1946 se tient le congrès de Bamako qui donne naissance au Rassemblement démocratique africain (RDA). Jean Félix-Tchicaya y est présent et il est élu comme un des Vice-présidents du comité de coordination, tandis que qu'Houphouët-Boigny en le président.

Le 13 octobre 1946 un référendum est organisé ; celui-ci consacre l'éclatement de la circonscription électorale du Gabon/Moyen-Congo en deux circonscriptions distinctes. Aux élections du 10 novembre 1946 pour lesquelles chaque territoire doit élire un député pour le collège des autochtones, Jean Félix-Tchicaya est élu au Moyen-Congo. Il est encore élu le 15 décembre 1946 lors des élections relatives à la désignation des membres des Assemblées représentatives.

La loi-cadre le 23 mars 1956 ouvre de nouvelles perspectives dans l'évolution administrative et politique des territoires d'Outre-mer. Dans cette optique, de nouvelles élections législatives sont organisées. Jean Félix-Tchicaya, député sortant est une nouvelle fois candidat pour le deuxième collège. Il obtient une courte victoire devant les deux futurs candidats de l'échiquier politique congolais : Jacques Opangault et Fulbert Youlou.

La même année (1956), l'abbé Fulbert Youlou crée l'Union Démocratique pour la Défense des Intérêts Africains (UDDIA), avec l'apport de certains dissidents du PPC de Jean Félix-Tchicaya. Dès lors, ce dernier et son parti perdent leur auréole puisque l'UDDIA reçoit l'adhésion du RDA, poussant même Jean Félix-Tchicaya à démissionner.

Il s'allia à Jacques Opangault, leader du Mouvement Socialiste Africain (MSA) pour les élections de 1957. Leur coalition sortit victorieuse d'une tête. Mais le basculement de la majorité en faveur de Fulbert Youlou mit ce dernier au premier plan.

Après l'indépendance l'abbé Fulbert Youlou devenu Président de la république lui proposa un poste Ministre qu'il déclina pour des raisons de santé.

Jean Félix-Tchicaya mourut le 16 janvier 1961 à l'hôpital Adolphe Cissé de Ponte-Noire. Il reçut des honneurs de la nation et fut enterré à Loango.

2. Jacques Opangault (1907-1978)

Jacques Opangault

Né en 1907 à Ekoo, village Tegue de la contrée de Boundji, qui relevait selon l'organisation coloniale de l'époque de la circonscription administrative de la Likouala-Mossaka, sous circonscription d'Ewo, Jacques Opangault est d'ethnie Mbosi. Il fréquente l'école de la mission Saint-François-Xavier de Boundji des Pères Prat et Jeanjean. Il poursuit sa scolarité à Brazzaville à l'école de la mission, l'école Jeanne d'Arc.

Il entre par la suite au Petit séminaire, mais il se détourne de la vocation religieuse et entre dans l'administration judiciaire du Moyen-Congo en août 1925 comme écrivain-interprète au parquet de Brazzaville. Il y évolue jusqu'au grade de greffier en chef.

Ses activités syndicales le propulsent, en 1930, à la tête de la confédération syndicale des fonctionnaires de l'AEF qui regroupe les travailleurs africains de l'administration, de la magistrature, de l'enseignement, de la santé et des travaux publics.

Accusé de mener des activités séditieuses, il est affecté à Bangui (en Oubangui-Chari), en 1944. Il poursuit son syndicalisme et crée la section syndicale des fonctionnaires de l'Oubangui-Chari.

En 1936, il adhère à la Section Française de l'Internationale Ouvrière (SFIO). Il prend une part active au mouvement de ralliement de l'AEF à la France Libre du général De Gaulle, pendant la Deuxième Guerre mondiale.

Un an après la fin de ladite guerre (1946), Jacques Opangault crée la sous-section congolaise de la SFIO. C'est cette sous-section qui est transformée, en janvier 1957, en Mouvement Socialiste Africain (MSA) ; il choisit comme emblème le « coq ».

Jacques Opangault et le MSA en alliance avec Jean Félix-Tchicaya et le PPC remportent d'un point les législatives de janvier 1957 face à l'UDDIA de Fulbert Youlou. Jacques Opangault est désigné Vice-président du Conseil de gouvernent du Moyen-Congo, conformément aux dispositions de la loi-cadre ou loi Deferre de 1956. Il est chargé de former le premier gouvernement congolais.

Dans le souci de construire l'unité nationale, il forme le premier gouvernement congolais qui compte dix ministres dont cinq pour chaque parti (MSA et UDDIA).

Mais, en septembre 1958, le MSA perd la majorité après la démission de quelques conseillers territoriaux qui rejoignent l'UDDIA. Jacques Opangault perd le poste de Vice-président du Conseil de gouvernement.

Ce changement de majorité entraîne la guerre civile de 1959. Jacques Opangault est accusé d'être le responsable de ces évènements tragiques. Il est arrêté et incarcéré.

Il est libéré et amnistié en juillet 1959. Malgré cela, il fera partie de plusieurs gouvernements que l'abbé Fulbert Youlou forme entre 1960 et 1963.

La révolution des « Trois glorieuses » (13, 14 et 15 août 1963) éclate alors que Jacques Opangault est en mission d'Etat en Italie. Lorsqu'il revient au pays, quelques jours après, il demande de rejoindre le président Fulbert Youlou placé en résidence surveillée.

Jacques Opangault est acquitté et relaxé au procès des dirigeants du régime Youlou qui se tient du 8 au 14 juin 1965. Il décide alors de s'éloigner de la politique.

Le 20 août 1978, Jacques Opangault s'éteint à l'hôpital général de Brazzaville. Il est enterré à Ekola (Boundji). Il sera réhabilité à la Conférence Nationale Souveraine de 1991.

3. Fulbert Youlou (1917-1972)

Fulbert Youlou

Fulbert Youlou est né le 17 juin 1917 dans le village de Moumbouolo, village situé non loin de Madibou. Il est de l'ethnie Lari (sous-groupe Kongo).

Il fait ses études primaires à l'école Sainte Jeanne d'Arc de la mission catholique de Brazzaville. En 1929, il étudie au petit séminaire de Brazzaville, avant d'aller au Cameroun, précisément à Akono pour ses études secondaires. Il entre ensuite au Grand Séminaire de Yaoundé.

A son retour au Congo, il enseigne au petit séminaire de Mbamou. Il part ensuite à Libreville où il entre au Séminaire Libermann pour des études de théologie. Il revient à Brazzaville pour achever ses études, avant d'être ordonné prêtre le 9 juin 1946.

Fulbert Youlou commence son sacerdoce à la paroisse Saint-François, en même temps qu'il est aumônier de l'hôpital général et de la maison d'arrêt de Brazzaville.

Il est affecté à Mindouli en 1955 par mesure disciplinaire. Il est par la suite suspendu « *a divinis* » par Monseigneur Michel Bernard à cause de ses velléités politiques. Il ne peut plus exercer comme prêtre, même s'il reste membre de l'église.

Malgré l'opposition de l'évêque, l'abbé Fulbert Youlou se porte candidat aux élections de janvier 1956 suite à la dissolution de l'Assemblée nationale française. Il occupe la troisième place, battu respectivement par Jacques Opangault, deuxième et Jean Félix-Tchicaya, premier qui est réélu comme député du Moyen-Congo.

L'abbé Fulbert Youlou qui est désormais connu dans l'arène politique congolaise, décide de créer un parti politique, avec l'appui de Robert Stéphane Tchichellé et le concours des jeunes comme Jean Biyoundi, Joseph Nseso, Raphaël Ndeko, Alphonse Soukantima, Samuel Locko, Marc Dhelot, Prosper Gandzion. Ainsi va naître l'Union Démocratique pour la Défense des Intérêts Africains (UDDIA) dont les statuts sont déposés, le 16 mai 1956, avec comme emblème le caïman.

Le parti de l'abbé Fulbert Youlou prend une autre dimension avec sa reconnaissance par le Rassemblement Démocratique Africain (RDA) d'Houphouët Boigny, à la place du PPC de Jean Félix-Tchicaya.

Le 23 novembre 1956 ont lieu les élections municipales à Brazzaville, Pointe-Noire et Dolisie, les trois communes du Moyen-Congo. A Brazzaville, la liste UDDIA avec en tête l'abbé Fulbert Youlou, l'emporte sur celle de la SFIO de Jacques Opangault et du PPC de Jean Félix-Tchicaya. C'est ainsi que l'abbé Fulbert Youlou est élu Maire de Brazzaville. Il est le premier Maire noir de l'AEF.

Aux élections législatives de mars 1957, le MSA sort vainqueur et son leader, Jacques Opangault devient Vice-président du Conseil de gouvernement, chargé de former le premier gouvernement congolais. L'abbé Fulbert Youlou se voit attribuer le poste de Ministre de l'agriculture, de l'élevage, des eaux et forêts et de la météorologie.

L'abbé Fulbert Youlou est désigné Premier ministre après la proclamation de la République le 28 novembre 1958. Il est réélu député du Djoué aux élections législatives de 1959. Le 21 novembre 1959, il est élu Président de la République du Congo. Il est réélu à ce poste le 26 mars 1961 à la suite de l'adoption de la nouvelle Constitution. Il est aussi Chef du gouvernement cumulativement avec les fonctions de Maire de Brazzaville.

Le Président Fulbert Youlou participe, à Addis-Abeba en Ethiopie à la création de l'Organisation de l'Unité Africaine (OUA, aujourd'hui l'Union Africaine) dont la Charte est signée le 25 mai 1963.

La même année, son pouvoir est confronté à une grave crise, alors qu'il projette l'institution du parti unique au Congo. Les 13, 14 et 15 août 1963, l'abbé Fulbert Youlou fait face à la grève générale des travailleurs menée par les leaders de la Confédération Générale Africaine des Travailleurs (CGAT) et de la Confédération Africaine des Travailleurs Croyants (CATC). Celle-ci va se transformer en un soulèvement populaire qui emporte son régime.

L'abbé Fulbert Youlou est emprisonné au camp Fulbert Youlou qui porte son nom (ex-camp Tchad). Alors qu'il est par la suite transféré au camp de la gendarmerie du Djoué, il parvient, dans la nuit du 25 mars au 26 1965, à s'évader et se réfugier à Kinshasa (en République Démocratique du Congo). En janvier 1966, il s'exile à Madrid, en Espagne.

Après la chute et l'évasion de Fulbert Youlou, le Mouvement National de la Révolution (MNR) au pouvoir installe une Cour d'exception, pour juger les responsables de l'ancien régime. Le procès se tient du 8 au 14 juin 1965 au « Tribunal Populaire de Brazzaville ». Au banc des accusés, les 14 ministres du gouvernement Youlou et 5 hauts fonctionnaires. L'ancien Président en exile est jugé par contumace et condamné à la peine de mort. Ses biens sont confisqués.

Le 5 mai 1972, l'abbé Fulbert Youlou s'éteind à Madrid. Le 11 décembre 1972, sa dépouille est rapatriée, sur décision du régime de Marien Ngouabi. Il est inhumé le 16 décembre 1972 à Madibou. Il est réhabilité par la Conférence Nationale Souveraine de 1991.

4. Simon-Pierre Kikhounga-Ngot (1920-2015)

Simon-Pierre Kikhounga-Ngot

Né en 1920 à Maboukou (département du Niari), Simon Pierre Kikhounga-Ngot est d'ethnie Kugni (sous-groupe Kongo). Il exerce comme Commis des services administratifs et financiers et ses débuts dans le syndicalisme date de 1949, sein de la Confédération Générale des Travailleurs (CGT).

Il est élu Conseiller territorial du Moyen-Congo pour le compte du PPC de Jean Félix-Tchicaya. En 1956, il crée le Groupement pour le Progrès Economique et Social (GPES) qu'il base à Dolisie.

Simon Pierre Kikhounga-Ngot apparente son parti au MSA de Jacques Opangault avant d'être intégré lui-même à la direction du MSA. Il en devient le principal animateur dans le grand Niari.

Député, Simon Pierre Kikhounga-Ngot est, entre 1957 et 1963 membre des différents gouvernements : Ministre des Affaires économiques, des paysannats et du Plan, du gouvernement Jacques Opangault ; sous Fulbert Youlou, il est tour à tour Ministre des Affaires économiques et des Eaux et Forêts, Ministre des Affaires économiques et du Commerce, Ministre des Affaires économiques et du Commerce, chargé du Tourisme.

En 1968, il est membre du Conseil National la Révolution (CNR) sous Marien Ngouabi et Ministre de l'Economie et du Plan.

En 1991 se tient la Conférence Nationale Souveraine, Simon Pierre Kikhounga-Ngot est élu à la troisième Vice-présidence du présidium. Co-fondateur l'Union Panafricaine pour la Démocratie Sociale (UPADS), il est élu Secrétaire général, mais perd le poste au profit de Christophe Moukouéké.

Maire de la ville de Dolisie de 1992 à 1997, il meurt le 4 avril 2015 à Athis-Mons en France.

5. Robert Stéphane Tchichellé (1915-1984)

Robert Stéphane Tchichellé

Robert Stéphane Tchichellé est né à Hinda (localité située à 23km de Pointe-Noire), le 12 janvier 1915. Il est de l'ethnie Vili (sous-groupe Kongo). Il commence ses études primaires à Léopoldville (Kinshasa) au Congo-Belge et les poursuit à Loango, à l'école de la mission catholique.

A 15 ans, il commence sa carrière professionnelle au Chemin de Fer Congo-Océan (CFCO) ; il est aiguilleur. C'est à 27 ans qu'il obtient son Certificat d'Etudes Primaires Elémentaires (CEPE).

C'est au CFCO qu'il commence avec le syndicalisme en adhérant à la Confédération Générale du Travail (CGT), section du Moyen-Congo. Il est, par la suite, Secrétaire général du syndicat des cheminots du Moyen-Congo.

Il entre en politique en 1946 avec la création du Parti Progressiste Congolais (PPC) de Jean Félix-Tchicaya. Mais à la suite d'une brouille avec le leader du PPC, il rallie l'abbé Fulbert Youlou en 1956. Il devient le N°2 de l'Union Démocratique pour la Défense des Intérêts Africains (UDDIA).

Robert Stéphane Tchichellé a été plusieurs fois Conseiller tant au niveau municipal (Pointe-Noire) qu'au niveau territorial, c'est-à-dire député. En 1956, il est élu Maire de la ville de Pointe-Noire, le premier Maire noir de cette ville.

Robert Stéphane Tchichellé fait partie de toutes les équipes gouvernementales de 1957 à 1963, sous Jacques Opangault et l'abbé Fulbert Youlou : Ministre des Affaires Sociales (Santé, Habitat, Travail et Service Social), Vice-président du Conseil, Ministre de l'Intérieur, Délégué du Premier ministre à Pointe-Noire, Ministre des Affaires Etrangères ; Premier Vice-président du Conseil des Ministres.

Le 15 août 1963, le Président Fulbert Youlou est poussé à la démission. Comme Jacques Opangault, Robert Stéphane Tchichellé, un des piliers du régime déchu décide de se constituer prisonnier.

Au procès des dignitaires dudit régime, il est condamné à quinze ans de travaux forcés avec perte des droits civiques.

Il est amnistié en 1967 et, de 1969 à 1974, il est Directeur du CFCO. Il meurt le 27 octobre 1984 à l'hôpital général de Brazzaville. Il est réhabilité en 1991, par Acte de la Conférence Nationale Souveraine.

6. Alphonse Massamba-Débat (1921-1977)

Alphonse Massamba-Débat

Né en 1921 à Kolo-Nyaha près de Boko (département du Pool), Alphonse Massamba-Débat est de l'ethnie Kongo, d'obédience protestante. Il est de la première promotion des instituteurs formés à l'école des cadres Edouard Renard.

Pour éviter qu'ils subissent l'influence du messianisme, de nombreux fonctionnaires, originaires du Pool sont expatriés par les autorités coloniales au Tchad et en Centrafrique. C'est dans cette optique qu'Alphonse Massamba-Débat se retrouve à Fort-Lamy au Tchad.

Il rentre au Congo au début des années 1950 et affecté à Mindouli comme directeur de l'école officielle. Il adhère au PPC de Jean Félix-Tchicaya ; mais en 1956, il rallia l'UDDIA.

En décembre 1958, il est nommé chef de cabinet du Ministre de l'Education nationale. Il est élu député UDDIA en juin 1959.

En 1960-1961, il est Président de l'Assemblée nationale ; en 1962 Ministre du Plan. Il démissionne en mai 1963 et se retire dans son village natal.

Après la chute de l'abbé Fulbert Youlou, Alphonse Massaba-Débat est choisi pour être Premier ministre du gouvernement provisoire.

Il est élu Président de la République aux élection du 17 décembre 1963. Du 29 juin au 2 juillet 1964 se tient Congrès constitutif Mouvement National de la Révolution (MNR), Alphonse Massamba-Débat devient Secrétaire général de ce nouveau parti politique.

Son règne est marqué par des querelles intestines qui le conduisent à supprimer le poste de Premier ministre le 12 janvier 1968 et à dissoudre l'Assemblée nationale en juillet de la même année. Dès lors, un bras de fer va s'engager entre le Président de la République et ses opposants, principalement l'armée.

Ces querelles vont aboutir au Mouvement insurrectionnel du 31 juillet 1968 conduit par le Capitaine Marien Ngouabi. Le Président Alphonse Massamba-Débat démissionne en septembre 1968.

Après l'assassinat du Président Marien Ngouabi, Alphonse Massamba-Débat est arrêté et jugé par une Cour martiale. Il est exécuté le 25 mars 1977. Il est réhabilité par Acte de la Conférence Nationale Souveraine de 1991.

LES FETES AU CONGO

La fête est considérée comme un moment privilégié, toujours attendu avec impatience, qui fait partie intégrante de l'environnement social et engage souvent la société toute entière. Soustraite au temps de la production, elle a lieu pendant les dates précises dites de célébration. Mais qu'est-ce qu'une fête ? Quelle sont les fêtes du Congo ?

La fête a été définie par Louis Marie Morfaux comme « *expression symbolique des relations sociales et de la culture d'une société. Elle prend des formes diverses : commémoration des grands évènements civils ou religieux, ou des grands personnages de son histoire, célébration du cours des saisons et de la nature : fête de la victoire, du travail, de Jeanne d'Arc, de Noël, de la Fête-Dieu, mais elle est souvent aussi le temps d'un jour ou d'une période donnée déterminée, dans une atmosphère de liesse communautaire, expression sur le mode ludique, satirique ou libératoire, d'un affranchissement à l'égard des normes et des conditions sociales, de l'assouvissement compensatoire et de l'exutoire toléré ou même voulu de tendances ou réprimées* ».

Cette définition dévoile opportunément différentes approches théoriques et conceptuelles de la fête.

Pour nous, historien, spécialiste des sociétés et civilisations, la fête est une période de réjouissance collective destinée à célébrer quelque chose ou quelqu'un. Elle renvoie à la fois à l'histoire culturelle, l'histoire coloniale, l'histoire des mentalités, l'histoire des religions, bref l'histoire sociale. La tradition laïque a introduit le terme de jour férié pour désigner les jours de fêtes publiques reconnus par la loi, qu'elles soient d'origine chrétienne ou non.

En s'appuyant sur l'héortologie c'est-à-dire la discipline des sciences humaines qui étudie les fêtes à tous les points de vue : sociologique, philosophique, historique et théologique, on note, en République du Congo, deux types de fêtes : les fêtes publiques ou profanes et les fêtes religieuses.

Les fêtes publiques ou païennes comprennent les fêtes nationales et les fêtes internationales. Les fêtes nationales sont essentiellement d'origine politique. Les fêtes religieuses concernent les fêtes chrétiennes catholiques, en raison du passé colonial de notre pays. Elles sont surtout célébrées par les croyants chrétiens, pour des raisons de souvenir et de reconnaissance envers Dieu.

Toutes ces fêtes sont nationales dans la **Loi N° 2-94** du 1er mars 1994 fixant les jours fériés chômés et payés sur le territoire de la République du Congo. Cette loi exclut les fêtes musulmanes et des autres obédiences chrétiennes qui aujourd'hui concurrencent le catholicisme.

Les jours fériés retenus sont :

- le 1er janvier, jour de l'An ;
- le lundi de Pâques ;
- le 1er mai, jour de la fête du travail ;
- le jour de l'Ascension ;
- le lundi de Pentecôte ;
- le 10 juin, journée de la Réconciliation ;
- le 15 août, commémoration de l'indépendance
- le 1er novembre, jour de la Toussaint
- le 25 décembre, jour de Noël.

Il faut ajouter à cette liste,

- le 28 novembre, la journée de la République.

I. LES FETES PUBLIQUES OU PROFANES

Les fêtes publiques ou profanes sont celles qui inscrivent l'enthousiasme populaire dans des évènements historiques. Elles marquent la conscience collective.

Au Congo, depuis l'époque coloniale jusqu'à récemment il y a eu la célébration de nombreuses fêtes publiques. Celles-ci, de nos jours, ne le sont plus. Par exemple, la fête française du 14 juillet ou les fêtes nationales à connotation marxiste. Dans ce point, ne sont évoquées que les fêtes prévues dans la loi fondamentale de la République du Congo depuis le renouveau démocratique survenu avec la tenue de la Conférence Nationale Souveraine en 1991. Ainsi, un certain nombre de fêtes publiques (qualifiées souvent par les chrétiens de fêtes païennes ou non chrétiennes), ont été retenues : les fêtes nationales et les fêtes internationales.

1. Les fêtes nationales

1.1. La journée de la Réconciliation nationale : le 10 juin

La République du Congo célèbre le 10 juin, la Journée de la réconciliation nationale. La Journée de la réconciliation nationale rappelle la date du 10 juin 1991 qui marqua la fin des travaux de la Conférence Nationale Souveraine (CNS). Une fin ponctuée par une cérémonie de lavement des mains des principaux acteurs politiques du pays et ceux de la société civile, sur l'esplanade du Palais des Congrès de Brazzaville.

La Conférence Nationale Souveraine, faut-il le rappeler, donna un coup d'arrêt au règne, 28 ans durant, du régime monopartiste et consacra le retour au pluralisme démocratique.

1.2. La fête de la proclamation de la République du Congo : le 28 novembre 1958

Par délibération N°112-58 du 28 novembre 1958, les membres de l'Assemblée territoriale réunis à Pointe-Noire font du Moyen-Congo, un Etat membre de la Communauté et créant la République du Congo. La célébration de cet évènement est récente, n'étant pas inscrite au départ dans la loi N°2-94 susmentionnée.

1.3. La fête nationale de l'indépendance : le 15 août 1960

Le 15 août 1960, l'indépendance de la République du Congo est proclamée. Cette date marque désormais la célébration de la fête nationale de l'indépendance du Congo.

2. Les fêtes internationales

2.1. La fête de Nouvel An ou Jour de l'An : le 1ᵉʳ janvier

Le Jour de l'An ou Nouvel An est le premier jour d'une année. Par extension, le terme désigne aussi les célébrations de ce premier jour de l'année.

2.2. La Journée internationale de la femme : le 8 mars

En République du Congo, deux fêtes s'assimilent, se confondent et se juxtaposent, à la date du 8 mars. Cette date marque à la fois la célébration d'une fête internationale et d'une fête nationale. Sur le plan international, on célèbre la journée internationale de la femme qui relève du statut de l'ONU. Sur le plan national, on célèbre la création de l'Union Révolutionnaire des Femmes du Congo (URFC). La journée est donc dédiée à la femme.

La Journée internationale de la femme, également appelée Journée internationale des droits des femmes est une journée célébrée dans le monde entier mettant en avant la lutte pour les droits des femmes et notamment pour la réduction des inégalités liées au genre.

Dans le langage populaire ou des médias, elle est parfois désignée de façon abusive par l'expression écourtée « Journée de la femme ».

2.3. La fête du Travail : le 1ᵉʳ mai

C'est la fête des travailleurs. Elle a un caractère idéologique et politique. L'origine du 1ᵉʳ mai remonte à 1884, lors du IVè congrès des « Trade Unions » à Chicago, aux Etats-Unis-Unis, à l'issue duquel il fut décidé de fixer à huit heures la durée de la journée de travail. De nombreuses manifestations eurent lieu dans tout le pays entre 1886 et 1889 afin d'obtenir satisfaction à cette revendication.

En 1889, sur le modèle américain, le Congrès international socialiste de Paris adopta le 1ᵉʳ mai comme jour de revendication des droits des travailleurs : une grande manifestation nationale eut lieu pour demander la journée de huit heures. Dès 1890, l'idée d'une « fête du travail » fut associée à cette revendication. Le 1ᵉʳ mai est fêté chaque année depuis 1892.

En Afrique Equatoriale Française en général et au Moyen-Congo en particulier, durant la période coloniale, il n'existait pas une classe ouvrière autochtone puisque la colonie n'était pas suffisamment industrialisée pour favoriser l'émergence d'une couche capable de mener la lutte des classes. Les Congolais ne pouvant espérer grand-chose étaient réservés à célébrer cette fête.

Il fallut attendre l'avènement de l'autonomie et l'indépendance du Congo en 1960 pour que l'ordre soit bousculé. Ainsi, à partir de cette année, la fête du 1ᵉʳ mai devint une célébration traditionnelle où les travailleurs congolais la marquent par un défilé et la présentation de leurs doléances aux pouvoirs publics, sur les conditions de travail.

II. LES FETES RELIGIEUSES

Les fêtes religieuses sont des fêtes attachées à des traditions et pratiques religieuses. Elles sont le plus souvent propres à chaque religion.

La République du Congo est un Etat unitaire et laïc. Toutes les institutions congolaises soulignent et confirment cette approche juridique et républicaine. Mais la laïcité ne fait point obstacle au religieux. Les constitutions congolaises garantissent, entre autres, la liberté de culte et de pensée. Les principales religions monothéistes en République du Congo sont le catholicisme, l'armée du salut, l'islam, le protestantisme, le kimbanguisme, le lassysme et par extension les églises de réveil.

Parmi ces religions, c'est le catholicisme qui a un agenda annuel et où sont inscrites les fêtes à prédominance judéo-chrétienne. La religion catholique est dirigée par le Vatican. Les fêtes religieuses en République du Congo sont donc des fêtes catholiques dont le pays a hérité depuis son accession à l'indépendance. Elles sont organisées et célébrées sur toute l'étendue du territoire national. Certaines d'entre elles ont un caractère universel, alors que d'autres ont été insérées au nombre des célébrations nationales à la faveur de la Conférence Nationale Souveraine en 1991. Ce sont :

1. La Pâques

Pâques est la fête la plus importante du christianisme. Elle commémore la résurrection de Jésus, que le Nouveau Testament situe le surlendemain de la Passion, c'est-à-dire « le troisième jour ». La solennité, précédée par la Semaine sainte, commence le dimanche de Pâques.

Le pluriel de Pâques ne fait pas référence à une pluralité de dates. La langue française distingue en effet la Pâque originelle juive (ou Pessah) et la fête chrétienne de Pâques. La première commémore la sortie d'Égypte et la liberté retrouvée des enfants d'Israël. La fête chrétienne quant à elle a multiples facettes ; elle commémore à la fois la dernière Cène instituant l'eucharistie, la Passion du Christ et sa résurrection.

2. L'Ascension

L'**Ascension** est une fête chrétienne célébrée quarante jours après Pâques. Elle marque la dernière rencontre de Jésus avec ses disciples après sa Résurrection ; elle célèbre aussi son élévation au ciel. Elle symbolise un nouveau mode de présence du Christ, qui n'est plus présent physiquement dans le monde visible, mais présent spirituellement dans les sacrements. Elle annonce également la venue du Saint-Esprit dix jours plus tard et la formation de l'Église à l'occasion de la fête de la Pentecôte. Elle préfigure enfin pour les chrétiens la vie éternelle.

3. La Pentecôte

La **Pentecôte** célèbre la venue de l'Esprit Saint sur les apôtres, annoncée par Jésus-Christ au moment de son Ascension. Cet événement est survenu cinquante jours après Pâques.

La Pentecôte est célébrée ainsi chaque année, le cinquantième jour après Pâques, pour commémorer la descente du Saint-Esprit sur les disciples de Jésus.

4. L'Assomption

C'est la fête religieuse qui commémore, le 15 août, le miracle de l'élévation au ciel de la Vierge Marie par des anges. Elle s'accompagne fréquemment de processions.

5. La Toussaint : le 1er novembre

La **Toussaint** est la fête de tous les Saints. Chaque 1er novembre, les hommes honorent ainsi la foule innombrable de ceux et celles qui ont été de vivants et lumineux témoins du Christ.

Cette fête est donc aussi l'occasion de rappeler que tous les hommes sont appelés à la sainteté, par des chemins différents, parfois surprenants ou inattendus, mais tous accessibles. C'est ainsi la Commémoration des défunts ou la fête des morts.

6. La fête de la nativité : le 25 décembre

Noël est une fête d'origine romaine célébrée chaque année, majoritairement dans la nuit du 24 au 25 décembre ainsi que le 25 décembre toute la journée. En tant que fête chrétienne, elle commémore la naissance de Jésus de Nazareth.

Dans la tradition catholique, le 25 décembre est entendu comme le jour de la naissance de Jésus-Christ. On célèbre donc la fête de la nativité. Cependant pour beaucoup cette date demeure arbitraire. Elle est imposée dans le monde chrétien comme l'acte de naissance de Jésus-Christ.

LES VALEURS DE LA REPUBLIQUE

Toute République se fonde sur des valeurs. C'est ainsi que la République du Congo s'appuie sur des valeurs qui constituent le socle de la Nation. Celles-ci sont stipulées dans la Constitution congolaise, la loi fondamentale de la République ; d'où leur importance.

Il apparaît de ce fait nécessaire de les faire connaître, de les partager à tous les citoyens. Elles comprennent les symboles de la République et les critères sur lesquelles se repose la gouvernance républicaine.

I. LES SYMBOLES DE LA REPUBLIQUE

1. Le drapeau national

Le drapeau de la République du Congo relève de la loi constitutionnelle N°8 du 18 août 1959. Il a été abrogé par un décret de la **République Populaire du Congo** en date du 31 décembre 1969 (promulgué le 2 janvier 1970), puis rétabli par un Acte de la **Conférence Nationale Souveraine** signé le 17 mai 1991 et promulgué le 9 juin 1991.

Les dimensions originales du drapeau sont les suivantes : longueur 1m80, largeur 1m20, la bande jaune séparant les deux triangles vert et rouge est de 0m60.

Le drapeau est divisé en diagonale et composé de 3 bandes : jaune, vert et rouge. Chaque couleur symbolise un aspect géographique ou historique de la République du Congo.

La bande jaune symbolise l'amitié et la noblesse du peuple ; le jaune c'est aussi le symbole de la volonté d'union et du traditionnel sens de l'hospitalité légendaire du peuple congolais. Le triangle vert représente l'agriculture et la richesse forestière du Congo ; la couleur verte symbolise également l'espérance dans l'avenir économique et social du pays.

La couleur rouge est associée au sang versé lors de la lutte de l'indépendance. Il exprime aussi le vœu le plus cher : que le courage et l'ardeur du peuple congolais permettent au pays de gagner sa place parmi les nations civilisées.

Le drapeau national est l'élément distinctif de la République. C'est l'emblème suprême du pays, une sorte de totem pour ses natifs et ses citoyens qui ont le devoir de le magnifier, de l'honorer et de le respecter.

2. L'hymne national

L'hymne de la République du Congo est « La Congolaise ». Il a été adopté en 1959. C'est une composition de Jacques Tondra, Georges Kimbangui, Jean Royer et Joseph Spaldillière.

La Congolaise

Couplet 1

En ce jour le soleil se lève,

Et notre Congo resplendit,

Une longue nuit s'achève,

Un grand bonheur a surgi,

Chantons tous avec ivresse

Le chant de la liberté.

Refrain

Congolais debout, fièrement partout,

Proclamons l'union de notre nation,

Oublions ce qui nous divise,

Soyons plus unis que jamais,

Vivons pour notre devise

Unité, travail, progrès (2 fois).

Couplet 2

Des forêts jusqu'à la savane,

Des savanes jusqu'à la mer,

Un seul peuple, une seule âme,

Un seul cœur, ardent et fier,

Luttons tous, tant que nous sommes,

Pour notre vieux pays noir.

Couplet 3

Et s'il vous faut mourir, en somme

Qu'importe puisque nos enfants,

Partout pourront dire comme,

On triomphe en combattant,

Et dans le moindre village,

Chantent sous nos trois couleurs.

L'hymne national se présente sous forme d'un poème lyrique à forte teneur patriotique avec des images qui exaltent les valeurs de la terre congolaise, notamment l'espérance, la paix, la dignité et la fraternité. L'hymne peut être joué lors d'occasions solennelles ou de célébrations ; mais il accompagne obligatoirement toutes les cérémonies officielles de l'Etat et clos les allocutions télévisées du président de la République.

Lors de l'exécution de l'hymne national, tous les hommes et femmes doivent se lever et se tourner vers le drapeau congolais, et se tenir bien droit, les bras le long du corps, la paume des mains orientée vers la jambe.

La tête doit être levée et le regard doit suivre le drapeau durant sa montée. Les hommes en uniforme sont tenus de faire le salut militaire dès l'exécution des premières notes de l'hymne national.

3. Les armoiries de la République

Les actuelles armoiries de la République du Congo ont été établies par le décret n° 63-262 du 12 août 1963, promulgué le 15 août 1963 par l'abbé Fulbert Youlou, alors Président de la République. Elles sont successivement abrogées par un décret de la **République Populaire du Congo** en date du 31 décembre 1969 (promulgué le 2 janvier 1970), puis rétablies par un Acte de la **Conférence Nationale Souveraine** signé le 17 mai 1991 et promulgué le 9 juin 1991. Elles sont définitivement adoptées par la **Constitution de 2002**, puis par celle de 2015.

Ces armoiries se composent d'un champ d'or chargé d'une fasce ondée de sinople. Au centre du blason figure un lion (symbole de protection) portant une torche. Soutenu par deux **éléphants de sable** à défenses d'or, l'**écu** est surmonté d'une **couronne** forestière spéciale à sept branches, au bas de laquelle est inscrite en lettres de **gueules** la dénomination officielle du pays : « *République du Congo* ». Dans la partie inférieure, un **listel** d'or porte la devise nationale : « *Unité, Travail, Progrès* ».

Les armoiries ont une fonction d'identification de la République. A ce titre, ce symbole doit être placé en timbre sur les documents officiels, au milieu ou du côté droit. Il est le cachet de la République.

Les armoiries ont également une fonction d'éducation en tant qu'appel à l'union et à la solidarité devant toute adversité.

4. La devise de la République

La devise est une formule qui accompagne l'écu des armoiries. Elle est conçue comme une maxime, une petite phrase, un mot qui est gravé sur un cachet ou sur une médaille.

La devise de la République du Congo est composée de trois mots, **Unité – Travail - Progrès.**

Unité	Travail	Progrès
La nation congolaise est une et, de ce fait, indivisible. Cela signifie que le Congo est constitué d'un seul territoire, qu'il n'est qu'un seul Etat, qu'il n'a qu'un seul drapeau et que les mêmes lois sont applicables à tous. Cette unité se conçoit à travers l'union des cœurs et des esprits, et par une volonté commune de s'aimer entre Congolais et de travailler main dans la main, de transcender les divergences régionales et tribales.	L'indépendance politique acquise, il importe pour chaque congolais faire montre d'abnégation dans le travail. Qu'il s'agisse du paysan, de l'ouvrier, du soldat, de l'élève, de l'étudiant, du fonctionnaire, de l'artisan, etc, chacun dans son domaine doit œuvrer pour hisser le Congo au rang des nations prestigieuses, de sorte que l'on puisse subvenir aux besoins multiples de la population. Le travail étant source de gloire, de profit et de bonheur pour toute la nation, il est donc une loi pour tous.	Les Congolais sont, de par leur devise appelés quotidiennement à réaliser des progrès sur tous les plans : au plan matériel, par une meilleure exploitation des richesses nationales ; au plan intellectuel, par le travail scolaire et universitaire ; au plan moral, par la pratique des vertus civiques. Progresser c'est encore travailler pour la modernisation de notre pays, pour le perfectionnement des anciennes méthodes et pour l'adoption de nouvelles.

Cette devise résume notre idéal commun et notre volonté d'œuvrer ensemble à la construction de la nation. Aussi, à l'évocation de chacun de ces mots, tout Congolais doit-il se sentir interpellé et réagir en conséquence.

5. Le sceau de la République

Le sceau de la République est circulaire au diamètre de 0 m. 10. Le motif central représente une figure féminine congolaise assise sur un tabouret coutumier, regardant vers la droite et coiffée de fines tresses de cheveux.

Elle tient sur ses genoux les tables de la loi qu'elle soutient de son bras gauche. Sur les tables est gravée la devise du pays : Unité - Travail – Progrès, disposée sur trois lignes.

Le bras droit souligne la devise.

Les timbres et cachets de la République du Congo sont circulaires au diamètre de 0 m. 04.

Le motif est celui du sceau de la République du Congo ; il est traduit pour les timbres en gravures au trait.

Le sceau porte en exergue au quart supérieur de la circonférence le groupe de mots « République du Congo » et au quart inférieur les noms « du Congo ».

Les cachets portent en exergue, au tiers supérieur de la circonférence, la dénomination « République du Congo » et aux deux autres tiers les noms du service utilisateur. Au cas où l'énoncé des services utilisateurs serait trop long, la contraction des mots « République du Congo » en « R. du Congo » est autorisée.

6. Le portrait du Chef de l'Etat

L'article 64 de la Constitution précise les attributs du président de la République. II est le Chef de l'Etat. Il est garant de l'indépendance nationale, de l'intégrité du territoire, de l'unité nationale, du respect de la Constitution et des traités et accords internationaux. Il détermine la politique étrangère et de défense de la Nation.

Le président de la République est donc le garant du fonctionnement régulier des pouvoirs publics et de la continuité de l'Etat. Il est le symbole garant de la cohésion nationale et de l'unité nationale. Ce symbole est représenté par son portrait.

7. Les langues

Le français est la langue officielle de la République du Congo. Cependant, les langues vernaculaires que sont le lingala et le munukutuba se positionnent juste derrière le français comme langues nationales.

II. LA DEMOCRATIE ET SES VALEURS

1. Le concept de démocratie

1.1. Définition de la démocratie

Le terme démocratie vient du mot grec *demos,* qui signifie « peuple » et « kratos » qui signifie « pouvoir, autorité, légitimité » ; il est dérivé du verbe kratein, « commander ».

La démocratie désigne un système politique dans lequel le pouvoir est exercé par le peuple directement ou indirectement. On la présente souvent en utilisant la citation d'Abraham Lincoln : « *La démocratie est le gouvernement du peuple, par le peuple, pour le peuple* ».

La démocratie se définit également comme :

-un gouvernement qui est dirigé avec le consentement du peuple ;

-un système de gouvernement dont l'autorité suprême appartient au peuple ;

-un gouvernement dans lequel le contrôle politique est exercé par tous les citoyens, soit directement ou par l'entremise de leurs représentants élus ;

-un système où les individus peuvent changer de dirigeant de façon pacifique et où le gouvernement a le droit de gouverner parce que le peuple lui a conféré ce droit.

1.2. Les critères de la démocratie

Pour définir une démocratie, on utilise généralement cinq critères principaux qui caractérisent l'organisation du pouvoir et de la loi. Ces critères sont la garantie que le peuple est bien la source du pouvoir et qu'il dispose des moyens pour l'exercer et/ou le contrôler. Il s'agit de :

- **La souveraineté du peuple :** ce critère est le plus fondamental des organisations et des sociétés démocratiques. Le peuple est le détenteur de la souveraineté ; il exerce sa volonté par le biais de processus démocratiques tels que les élections libres, les votations, les consultations, les référendums. En ce sens, les décisions politiques doivent être prises avec la participation active des citoyens, qui s'expriment à travers le droit de voter et d'être représentés dans les institutions politiques.

- **La séparation des pouvoirs exécutif, législatif et judiciaire :** le système politique démocratique divise l'Etat en trois branches institutionnelles : l'exécutif, le législatif et le judiciaire. La séparation des pouvoirs garantit que chaque branche a une fonction spécifique et distincte de celles des autres : le pouvoir exécutif est chargé de mettre en œuvre les politiques, le pouvoir législatif de faire les lois, le pouvoir judiciaire de faire respecter la loi. Ces pouvoirs s'équilibrent au sein de l'organisation politique et sociale. La séparation de ces pouvoirs est essentielle pour prévenir les abus et garantir une gouvernance équitable.

- **L'égalité devant la loi ou règne de la loi :** ce critère implique que tous les citoyens sont égaux devant la loi, sans distinction de race, de genre, de religion ou de statut social. La loi doit être appliquée de manière impartiale et juste, sans préférence pour les riches ou les puissants. Tous sont soumis aux mêmes règles judiciaires, qu'ils soient dirigeants politiques, responsables gouvernementaux ou simples.

- **La garantie des libertés fondamentales : libertés de conscience, d'opinion, de presse, de réunion** : ce critère repose sur la protection des droits fondamentaux des citoyens, tels que la liberté d'expression, la liberté de la presse, la liberté de réunion et la liberté de conscience. Les citoyens ont le droit de critiquer le gouvernement et de participer librement au débat public sans crainte de représailles. Les médias sont indépendants et libres de rapporter les faits de manière juste et équilibrée.

  La liberté de conscience et la liberté d'expression coïncident puisque sans expression et sans communication, la conscience est comme muette, prisonnière. En garantissant la pleine liberté, l'Etat se donne aussi comme finalité la protection des individus contre les différents abus.

- **L'alternance du pouvoir** : ce critère repose sur l'alternance régulière des dirigeants politiques, ce qui permet aux citoyens de choisir librement les gouvernants et de remplacer ceux qui ne répondent pas à leurs attentes. L'alternance du pouvoir est un indicateur clé de la santé démocratique d'un pays, car elle garantit que le gouvernement est responsable devant le peuple et qu'il peut être démis et remplacé si les citoyens ne sont pas satisfaits de sa performance.

1.3. Les types de démocratie

L'évolution des systèmes politiques, particulièrement après la Seconde Guerre mondiale, a fait apparaître deux blocs antagonistes caractérisés chacun par un type de pouvoir : d'un côté les pays à démocratie libérale, de l'autre les pays à démocratie populaire.

Dans le présent ouvrage nous ne nous intéresserons qu'à la démocratie libérale régime dans lequel les principes fondamentaux suivants sont respectés : le multipartisme ou l'existence de plusieurs partis politiques, l'organisation d'élections libres et transparentes, l'alternance politique, l'indépendance de la justice, la liberté de presse et de l'information.

De manière plus précise, le concept de démocratie désigne l'ensemble des systèmes politiques dans lesquels le peuple est la source du pouvoir politique. Ces systèmes politiques sont divers ; la démocratie peut être ainsi mise en œuvre de différentes manières selon les pays, les cultures et les périodes historiques.

Il existe plusieurs types de démocratie : directe, indirecte, représentative, participative, etc. Ce sont principalement les voies d'exercice du pouvoir par le peuple qui différencient les types de démocratie. Le peuple peut ainsi exercer le pouvoir directement (par des votes, des référendums…), ou indirectement (par la voie de représentants), par des consultations, etc… On distingue généralement :

- La **démocratie directe** : les citoyens votent directement sur chaque question de politique publique, sans l'intermédiaire d'élus. La démocratie directe est rarement pratiquée, car elle est difficile à mettre en œuvre pour des populations de grande taille.
- La **démocratie indirecte** : les citoyens élisent des **représentants qui prennent les décisions politiques en leur nom.**
- La **démocratie participative** : ce système vise à encourager la participation active des citoyens dans le processus décisionnel. La démocratie participative peut inclure des formes de délibération, des consultations publiques et des forums ouverts.

- La **démocratie délibérative** : elle se concentre sur la discussion et la délibération pour prendre des décisions politiques, plutôt que sur des votes ou des décisions rapides.

- La **démocratie représentative** : elle combine des éléments de démocratie directe et indirecte. Les citoyens peuvent élire des représentants pour prendre les décisions politiques en leur nom, mais peuvent également voter directement sur certaines questions de politique publique.

- La **démocratie sociale** : elle garantit aux citoyens un accès égal aux biens et aux services de base, ainsi qu'à la participation politique. La démocratie sociale peut inclure des mesures telles que la sécurité sociale et l'accès à l'éducation et aux soins de santé.

Il est important de noter que ces différents types de démocraties peuvent être combinés et adaptés pour répondre aux besoins spécifiques d'un pays ou d'une population. Par exemple, de nombreux pays ont des systèmes de démocratie représentative mixte, qui combinent des éléments de démocratie directe et indirecte.

2. Les valeurs démocratiques

La démocratie repose sur un certain nombre de valeurs, qui permettent de garantir le droit des citoyens à exprimer leurs opinions politiques, à participer aux élections, à disposer de conditions de vie dignes et de droits fondamentaux. Parmi ces valeurs, on peut citer :

- L'**Etat de droit** : il implique que tous les citoyens, y compris les dirigeants, sont soumis à la loi. L'Etat de droit implique également que les institutions étatiques et judiciaires sont indépendantes les unes des autres et qu'elles doivent toutes respecter les droits fondamentaux de l'individu.

- La **primauté du droit** : elle accorde une supériorité de fait au droit. Elle signifie que le droit doit prévaloir sur tout, particulièrement sur les individus.

  La primauté du droit comme valeur démocratique s'explique par l'importance des règles et des lois dans un système politique. Effectivement, les lois résultent d'un processus démocratique et leur fonction de régir les rapports entre les hommes, la coexistence et l'harmonie des volontés individuelles à l'intérieur de la société.

  Pour l'Etat, la primauté du droit dicte aux autorités d'agir en conformité à la loi et de ne la modifier que selon des procédures déterminées. La plus importante de ses règles est la majorité parlementaire.

- Des **élections régulières et équitables** : la légitimité d'un gouvernement provient de l'électorat qui donne son consentement (approbation) à être gouverné par le biais d'élections libres et équitables qui ont lieu à intervalles réguliers et qui permettent aux citoyens de voter ou de se présenter aux élections librement et sans aucune forme d'intimidation ou de peur. Ces élections qui mettent en compétition des individus ou des partis se réclamant de convictions politiques différentes, permettent aux citoyens d'avoir leur mot à dire et de déterminer qui les gouvernera en sélectionnant leurs représentants et leur gouvernement, et de leur demander des comptes. Elles sont la forme ultime d'expression de la volonté du public. C'est par elles que les citoyens utilisent leur pouvoir de choix.

- Le **respect des résultats électoraux** : les candidats aux élections doivent respecter la volonté de la population. Les résultats doivent être acceptés par tous les candidats et partis politiques.

- Le **pluralisme politique** : la démocratie ouvre la voie à l'existence de plusieurs partis politiques. Ceux-ci sont libres de se constituer et de prendre part aux différentes élections, sans entraves ni discriminations. Les citoyens ont le droit de choisir entre les diverses options politiques qui se présentent à eux.

- La **responsabilité :** en démocratie, les dirigeants sont tenus responsables de leurs actions et de leurs décisions. Les citoyens doivent être en mesure de tenir les dirigeants responsables de leurs actes par des mécanismes tels que les élections et les procédures judiciaires.

- **La protection des droits de l'homme** : les droits fondamentaux de l'individu sont protégés par la loi. Les droits de l'homme incluent le droit à la vie, à la liberté, à la sécurité, à la propriété, à l'égalité devant la loi, à la liberté d'expression et d'association, à la liberté de religion et de conscience, et à la protection contre la discrimination.

  La démocratie respecte et promeut activement les droits de tous les êtres humains, localement et à l'étranger, tels qu'ils ont été énoncés dans la Déclaration universelle des droits de l'homme que l'Assemblée générale des Nations Unies a proclamée « comme l'idéal commun à atteindre par tous les peuples et toutes les nations ». Il est également important de souligner que le respect des droits de l'homme doit être assuré dans toute décision prise ou toute action menée par un État démocratique, même lorsque la majorité des citoyens n'est pas d'accord.

- La **transparence** : dans une démocratie, le gouvernement doit être transparent dans ses actions et décisions. Les citoyens doivent avoir accès à l'information et aux documents publics pour être en mesure de surveiller les actions du gouvernement.

- La **participation citoyenne** : cette valeur implique que tous les citoyens ont le droit de participer activement à la vie politique de leur pays. Les élections, les référendums et les consultations populaires sont des exemples de mécanismes de participation citoyenne.

- L'**égalité** : tous les citoyens doivent être traités de manière égale devant la loi, sans discrimination fondée sur la race, la religion, le genre, l'orientation sexuelle, le statut social ou tout autre critère. La démocratie vise aussi à garantir l'égalité des chances pour tous les citoyens. Cela signifie que les politiques publiques doivent viser à réduire les inégalités et à favoriser à tous l'accès à l'éducation, à la santé, à l'emploi et au bien-être, qui sont autant de garanties d'une démocratie fonctionnelle.

- La **tolérance** : cette valeur implique que toutes les opinions et croyances sont respectées, même si elles sont différentes des nôtres. La tolérance est essentielle pour garantir une société démocratique pacifique et respectueuse des différences.

- La **liberté d'expression et d'association** : la sauvegarde du droit des individus à exprimer et à partager leurs croyances et leurs idées, ainsi que la capacité à se réunir et à exprimer, promouvoir, poursuivre et défendre collectivement leurs idées collectives ou partagées, sont les pierres angulaires des sociétés démocratiques. Elles sont au cœur d'une démocratie saine et constituent la base de la sauvegarde et de la promotion de la jouissance d'autres droits au sein d'un Etat.

Pour respecter ces valeurs, les régimes démocratiques se dotent en général de lois ou d'institutions qui garantissent notamment la liberté de la presse, la liberté syndicale, la liberté de réunion, la liberté d'expression, ou le respect de principes juridiques et politiques qui sont inscrits dans ce que l'on appelle une

« Constitution ». La démocratie véhicule donc des valeurs qui reposent sur le respect de la Constitution.

3. L'importance des valeurs démocratiques

La démocratie est à la fois un idéal à atteindre et un mode de gouvernement à appliquer dans un territoire. En tant qu'idéal, la démocratie vise essentiellement à préserver et promouvoir la dignité et les droits fondamentaux de l'individu à savoir : le droit à la vie, à l'éducation, à la santé et au travail. De ce fait, toute démocratie qui se respecte s'évertue à discipliner la conduite de ses citoyens en vue de créer une nation, de favoriser le vivre-ensemble et la cohésion sociale, enfin d'assurer un développement économique et social harmonieux.

- **Discipliner la conduite de ses citoyens**

Discipliner la conduite des citoyens c'est les amener à adopter une attitude responsable de manière à se soumettre aux lois qui régissent la République et à participer à l'édification de la nation.

Le citoyen est, par définition, un membre d'un Etat qui dispose des droits civiques et politiques tout en étant astreint à des devoirs. Le citoyen est un individu responsable qui peut participer à l'exercice du pouvoir directement ou par son vote.

Ainsi, le citoyen a l'obligation de s'instruire, de connaître et de se soumettre entièrement aux lois qui régissent la vie du pays. Il participe à tout ce qui peut contribuer au développement du pays et assurer sa prospérité : payer l'impôt, travailler. Il est aussi prêt en cas de nécessité, à défendre sa patrie contre toute agression éventuelle.

Pour discipliner et contrôler le citoyen, l'État, en tant que garant de l'ordre public, dispose de trois moyens puissants et coercitifs : l'administration, la justice et la force publique dans toutes ses composantes (armée, gendarmerie et police), sans que cela soit une exclusivité de ces institutions.

L'existence des citoyens implique la notion de citoyenneté. Celle-ci peut se définir comme la reconnaissance totale aux personnes de leur statut de citoyen. La citoyenneté rattache l'individu à l'Etat, à ses lois et aux membres qui constituent cet Etat, par le truchement de la nationalité que celui-ci lui accorde. Depuis la déclaration des droits de l'homme et du citoyen du 26 août 1879, la citoyenneté se trouve au fondement de l'idéal démocratique et de l'identité nationale.

Dans le système démocratique, les citoyens et les citoyennes ont la responsabilité de participer à tout le système politique. Dès le VIIè siècle avant JC, les Grecs instituent des lois qui favorisent la participation des citoyens à la vie publique. Deux critères sont ici requis à savoir, s'informer sur tout le système démocratique et exprimer ses opinions en toute liberté. Ce critère répond à une exigence : la liberté d'expression. Elle donne la possibilité à tout citoyen d'exprimer ses pensées, ses opinions, etc. Et, cela exige aussi de lui le respect de l'opinion d'autrui. Cette liberté d'expression ne donne pas cependant libre cours à un individu de dire n'importe quoi, n'importe où, puisque la liberté c'est d'abord le respect de l'autre. La liberté d'expression est donc un droit qui n'est pas absolu et qui implique des devoirs. Cela signifie qu'elle a des limites : le respect des droits d'autrui et le respect de l'ordre public.

Le respect constitue ainsi la condition essentielle dans la conduite de tout citoyen et il ne peut se construire qu'avec l'autre. C'est à travers le respect qu'il est possible de comprendre l'autre, d'accepter les différences et finalement de devenir tolérant. Tout ceci demande donc le dialogue entre les citoyens.

Cependant, il peut arriver que cette confiance s'étiole et la relation entre les électeurs et élu se détériore. Cela découle souvent du fait que des attentes des électeurs ne sont pas comblées par les élus ou que ces derniers n'ont pas réagi positivement face aux problèmes existants ou l'ont fait superficiellement. Il s'installe alors un manque d'engouement chez les électeurs qui expriment leur dégoût pour les élus et plus généralement de la politique.

Ce dégoût de la politique se produit aussi lorsque l'éducation politique est insuffisante, alors que les processus politiques deviennent plus complexes. Cela nécessite donc une véritable éducation à la vie politique. Il s'agit de renforcer l'engagement social et la prise de conscience des valeurs démocratiques. Ici, l'éducation politique est indispensable car elle peut faire évoluer la culture politique vers la démocratie. Elle permet d'acquérir des connaissances de base sur les valeurs démocratiques et la gestion de la chose publique. L'éducation politique permet aussi de véhiculer l'esprit de la démocratie aux citoyens, à l'élite dirigeante et aux générations futures, cela dans tous les secteurs de la vie. Cela peut se faire, entre autres, à travers des séminaires de formation, des forums de discussion et des rencontres. L'objectif poursuivi est d'informer les citoyens et leur permettre de mieux comprendre la démocratie. C'est une initiation à la nouvelle citoyenneté.

Cette dernière devient une pratique éducative par laquelle l'État prépare les citoyens à intérioriser et à vivre les fondamentaux de la Nation. La nouvelle citoyenneté demande au citoyen de mettre en pratique les valeurs citoyennes de liberté, de fraternité, de civisme, d'égalité, de solidarité, de tolérance, de conscience, de l'intérêt collectif. Ces valeurs traduisent la volonté des citoyens à vivre ensemble.

- **Créer une nation**

La nation est une grande communauté humaine, souvent installée sur un même territoire, ayant en commun des éléments objectifs (race, langue, religion, mode de vie) et subjectifs (souvenirs communs, sentiment de parenté spirituelle, désir de vivre ensemble) qui les rattachent et les distinguent des autres groupes humains.

La nation est rarement une entité ethnique et homogène. L'hétérogénéité de ses différentes composantes suppose la soumission volontaire ou non à une autorité identique. Celle-ci établit la justice et l'égalité afin d'éviter l'écrasement des minorités politiques, ethniques ou religieuses.

La création d'une nation n'est pas une chose aisée. Elle résulte nécessairement d'un long processus mené à bon port par des institutions solides et stables. Celles-ci favorisent et maintiennent, en tout temps, la cohésion des différentes communautés.

Lorsque la création d'une nation est une réussite, elle entraîne inévitablement le nationalisme ; autrement dit, l'exaltation du sentiment national, celui d'appartenir à une nation.

La création d'une nation se fonde sur le respect des droits fondamentaux des personnes ou des citoyens. Le terme nation appelle forcément à la mise en pratique des valeurs d'égalité, d'équité et de justice comme l'exige les droits de l'homme. Les citoyens d'une nation doivent sentir qu'ils ont tous les mêmes droits et qu'ils jouissent de la même considération de la part des dirigeants. Cette égalité de droit donne le sentiment à tout citoyen de se reconnaître membre de la nation. Dans la Grèce Antique, par exemple, avec l'institution de la démocratie, Clisthène, l'un des réformateurs de la démocratie athénienne, a déclaré l'égalité de tous les citoyens devant la loi, qu'ils soient riches ou pauvres.

Toutefois, pour permettre cette égalité, l'État doit garantir une certaine équité entre les citoyens. En effet, l'équité, c'est le souci d'organiser la société selon des principes qui tiennent compte des inégalités c'est-à-dire des différences entre ses membres et de donner à chaque citoyen ce qui lui est dû. L'équité permet donc de limiter ou de corriger les inégalités sociales de toutes sortes. Elle tient compte des différences réelles entre les personnes et peut s'adapter à une situation particulière. Il s'agit, pour les dirigeants, de mettre en place des mécanismes ou des outils qui puissent favoriser l'égalité. C'est l'occasion de donner la chance à tous de se sentir membre d'une nation.

Cela ne peut être possible que lorsque la justice est appliquée dans toutes ses dimensions. L'une d'elles est le principe de l'égalité de tous devant la loi. L'autre dimension concerne les procédures de limitation des désavantages des populations les plus défavorisées dans le partage inégal des bénéfices et des charges.

L'équité dans la nation n'est possible que s'il y a la tolérance. Le dictionnaire le Robert définit la tolérance comme l'attitude qui consiste à admettre chez autrui une manière de penser ou d'agir différente de celle qu'on adopte soi-même.

La tolérance reconnaît donc que l'autre a le droit de vivre et d'être ce qu'il est. En d'autres termes, la tolérance est la vertu qui porte à accepter ce que l'on n'accepterait pas spontanément, par exemple lorsque cela va à l'encontre de ses propres convictions. De cette manière, l'individu tolérant apprécie et respecte ce qui est différent de ses valeurs. Il fait l'effort de comprendre l'autre dans sa différence, de dialoguer avec lui afin d'arriver à la compréhension mutuelle.

On comprend alors que la tolérance est une exigence dans la naissance d'une nation. Elle demande parfois aussi à inclure des valeurs étrangères. C'est à ce titre qu'Edgar Morin (Journal le *Monde* du mercredi 8 février 2012 à la page 18) a écrit :

« Il est plus important, à l'ère planétaire qui est la nôtre, d'aspirer, dans chaque nation, à intégrer ce que les autres ont de meilleur, et à rechercher la symbiose du meilleur de toutes les cultures ».

- **Favoriser le vivre-ensemble et la cohésion sociale**

Grâce à ses institutions, l'État, dans toute démocratie digne de ce nom, s'efforce de réunir toutes les conditions d'une vie harmonieuse en créant un esprit de concorde. Grâce aux moyens dont il dispose en tant que puissance publique, l'Etat démocratique ne ménage aucun effort pour éviter ou réduire au maximum les discriminations fondées sur l'appartenance à la race, à l'ethnie, à la tribu, au clan, à la religion, à une formation politique quelconque. Sinon des troubles sociaux, voire des guerres civiles peuvent survenir. Ce qui ne favorise ni le développement économique, ni le développement humain.

En éliminant ou en réduisant ces discriminations, on installe le vivre-ensemble qui constitue le ciment de la cohésion sociale ; on installe la fraternité qui conduit à l'affirmation d'une solidarité de tous les humains. Seule la fraternité peut, dans une doctrine complète des droits de l'homme, souder le lien social en faisant passer les hommes d'un rapport interindividuel à une société transcendante aux individus. Dans ce système, c'est le droit qui fait l'unité entre tous les membres du corps social et permet ainsi la cohésion sociale.

La société ou la cité est le lieu où vivent les citoyens dans la cohésion sociale. C'est la communauté des individus qui vivent ensemble, en un même lieu. Vivre dans la cité, c'est impérativement s'engager à vivre en harmonie avec d'autres citoyens. Par conséquent, la citoyenneté est un contrat social.

La consolidation de la cohésion sociale passe nécessairement par la perception que chacun se fait de l'autre comme être différent. Chaque citoyen doit comprendre que la différence de nos identités appelle à l'acceptation et à la compréhension de l'autre, à s'ouvrir à lui. Cette compréhension peut se faire par la fascination de l'autre comme désir d'un autre que soi-même à travers qui l'on doit résoudre son imperfection, son incomplétude et son achèvement.

Favoriser le vivre-ensemble et la cohésion sociale exige de chaque citoyen la tolérance comme vertu cardinale. Vivre dans une société, c'est aussi prôner l'unité dans la diversité de petits groupes humains : les familles, les clans, les ethnies, les tribus, différents les uns des autres mais appelés à cohabiter ou à vivre dans un même espace. Pour que cela arrive dans la paix, dans la convivialité, il faut impérativement faire prévaloir ou cultiver la tolérance.

Sans la tolérance, la communauté sombre dans une logique conflictuelle et finalement s'autodétruit. En politique, la tolérance est requise surtout dans le cadre de la démocratie, du pluralisme ou de l'État de droit. Elle est intrinsèquement liée à la politique démocratique. En effet, comme l'affirme Michel Liegeois, « les sociétés démocratiques sont fondées sur le pluralisme et la relativité des valeurs impliquant le respect des opinions individuelles et de la liberté de conscience et d'expression dans la mesure où elles ne portent pas atteinte à l'ordre public ».

La tolérance qui est le respect des différentes appartenances politiques vise ainsi à éviter l'usage de la violence et assurer la coexistence pacifique des communautés différentes.

- **Assurer un développement économique et social harmonieux**

La démocratie suppose des élus choisis par le peuple pour une durée bien déterminée. L'obligation des résultats étant un impératif absolu dans une vraie démocratie, décideurs et élus font tout pour répondre aux besoins essentiels et non-essentiels des citoyens qui, en tant qu'électeurs peuvent les éjecter du pouvoir et les remplacer par d'autres.

L'installation et la mise en place d'un Etat de droit exige le droit du peuple à l'éducation. La priorité à l'éducation est le socle pour le développement économique et social d'une nation. Il s'agit de concevoir des contenus éducatifs fondamentaux en vue d'atteindre le développement, améliorer la qualité de l'existence de l'homme, pour prendre des décisions éclairées. La prestation de services d'une éducation de qualité, d'une manière efficace, demeure un des principaux moyens menant à un développement national harmonieux.

L'éducation est cruciale dans le développement d'une Nation. Par elle, il se pose aussi le problème de l'employabilité des jeunes. L'Etat de droit se doit, à ce niveau, de mette en place des politiques éducatives concrètes pour une employabilité efficace en rapport avec les besoins réels du pays.

LE PATRIMOINE CULTUREL CONGOLAIS

I. LES LIEUX DE MEMOIRE DANS L'HISTOIRE DU CONGO

1. Qu'est-ce qu'un lieu de mémoire ?

L'expression « lieu de mémoire » apparaît dans les années 80, à la publication de l'ouvrage éponyme de l'historien français Pierre Nora. Cette expression désigne l'ensemble des traits ou repères culturels, notamment des lieux, des pratiques et des expressions issus d'un passé commun, qu'il soit lointain ou proche. Ces repères ne sont pas uniquement matériels ou concrets comme des objets ou des monuments. Ils sont également immatériels comme l'Histoire, la langue et les traditions. Bref, il peut s'agir d'un monument, d'un personnage important, d'un musée, des archives, tout autant que d'un symbole, d'une devise, d'un événement ou de bien d'autres choses. Autrement dit, les lieux de mémoire sont des restes ou des vestiges, en ce sens qu'ils suscitent une conscience commémorative, conscience individuelle et/ou collective. Cependant, au sens de cette présentation, un lieu de mémoire s'entendra uniquement comme un espace, un site ou un lieu au sens propre du terme.

2. Quelle est l'importance des lieux de mémoires ?

Les lieux de mémoire ont une importance historique. On y vient pour connaître et comprendre l'histoire ; car les informations fournies par les responsables du lieu de mémoire et le lieu de mémoire lui-même sont dans la plupart des cas plus enrichissantes que le manuel d'histoire, la page Wikipédia ou un ouvrage savant sur le sujet concerné. En effet, l'authenticité des lieux et la qualité des traces laissées participent d'un travail de remémoration faisant appel à d'autres modes de compréhension jugés plus sensibles qu'une simple opération cognitive. C'est ce que le psychiatre Serge Tisseron appelle « la symbolisation psycho-sensori-motrice ». Au demeurant, les lieux de mémoire représentent chacun un amplificateur du message historique. En cela, ils sont « pédagogiques ». Les exemples sont nombreux d'enseignants tentant de sensibiliser leurs élèves à l'histoire d'un événement en la redimensionnant à l'échelle d'un lieu connu et particulièrement significatif.

Tout ceci nous permet de faire l'inférence selon laquelle le but affiché de la plupart de ces lieux est de permettre au public de comprendre le plus objectivement possible l'histoire à travers celle du site.

Les lieux de mémoire ont également une importance touristique ; les visites des lieux de mémoire sont une expérience particulière : *« une alchimie entre les dispositifs de communication, le rapport à l'histoire, les enjeux liés à la mémoire et la marque d'une pratique sociale »*.

Ces visites sont souvent aussi, pour nos sociétés qui ont tendance à se globaliser et à se mondialiser, des palliatifs du sentiment de manque de repères culturels et de manque de liens avec le sacré.

Dans un autre registre, notons qu'au-delà des souvenirs qu'elles procurent, les visites des lieux de mémoire ont une dimension qui a trait au « plus jamais ça ». Il s'agit en l'occurrence de ces visites qui s'effectuent sur des sites dont le souvenir évoque des horreurs générées par la mauvaise orientation de l'action humaine. Dans ce cas précis, les personnes sont encouragées à découvrir ces lieux afin qu'elles soient édifiées sur un certain nombre d'actes à ne plus reproduire dans l'avenir.

Le lieu de mémoire a aussi une fonction psychothérapeutique et psychanalytique. Il vise à provoquer des changements d'attitudes, de comportements, de manières de penser ou de réagir chez une personne, afin de lui permettre de mieux se sentir, de trouver des réponses à ses questions, de résoudre des problèmes, de faire des choix, de mieux se comprendre.

Tous les facteurs sus épinglés – du reste non exhaustifs – sont susceptibles de motiver les visites des lieux de mémoire. Ces facteurs confèrent toute leur importance touristique à ces lieux. Ipso facto, ces lieux participent à l'essor du tourisme national dont l'apport au PIB ne cesse de croître d'année en année.

Soulignons que même lorsqu'il est érigé pour promouvoir le tourisme, l'histoire ou la culture, le lieu de mémoire a parfois une fonction politique.

En définitive, les lieux de mémoire constituent d'immenses ressources patrimoniales à même de combler les aspirations humaines de différentes natures (historiques, culturelles, politiques, éducatives, financières, etc).

3. Quelle est la politique congolaise concernant les lieux de mémoire ?

La République du Congo dispose d'un patrimoine culturel très riche et très diversifié. Il s'agit de biens qui, à titre religieux ou profane, présentent un intérêt particulier pour le pays.

La République du Congo s'emploie sans ménagement à identifier et valoriser ses lieux de mémoire. Pour ce faire, une véritable politique est mise en œuvre par les pouvoirs publics. Cette dernière consiste principalement en l'identification et la protection juridique de ces lieux.

Les missions d'identification des lieux de mémoire et de proposition des textes juridiques sont dévolues au Ministère de l'Industrie Culturelle, Touristique, Artistique et des Loisirs. Cependant, il n'est pas exclu que, dans leurs prérogatives légitimes, d'autres institutions comme la Présidence de la République, le Parlement ou les collectivités locales ou encore le Ministère de la Défense soient les auteurs de ces actes. Dans tous ces cas, généralement, les contributions des historiens et d'autres compétences externes sont sollicitées.

L'inventaire des lieux de mémoire, quant à lui, est exclusivement du ressort du Ministère en charge de la Culture.

En ce qui concerne particulièrement l'approche juridique qui se rapporte aux lieux de mémoire de la République du Congo, nous citerons, d'une part, la ratification des instruments normatifs internationaux, et, d'autre part, la production des instruments normatifs nationaux.

Les instruments normatifs internationaux ratifiés sont les conventions de l'UNESCO suivantes :

-la convention sur la protection du patrimoine mondial culturel et naturel du 16 novembre 1972 ;

-la convention pour la sauvegarde du patrimoine culturel immatériel du 17 octobre 2003 ;

-la convention sur la protection et la promotion de la diversité des expressions culturelles du 20 octobre 2005.

Les instruments normatifs nationaux qui se rapportent aux lieux de mémoire sont :

-la Constitution du 25 octobre 2015 qui, en son article 28, garantit le droit à la culture ;

-la loi N°08-2010 du 26 juillet 2010 portant protection du patrimoine national culturel et naturel ;

-la loi N°09-2010 du 26 juillet 2010 portant orientation de la politique culturelle ;

-le décret N°2010-42 du 28 janvier 2010 portant organisation du Ministère de la Culture et des Arts ;

-le décret N°2019-271 du 19 septembre 2019 portant attribution, composition, organisation et fonctionnement de la commission nationale du patrimoine culturel et naturel.

A cette liste s'ajoutent évidement les décisions et délibérations des conseils départementaux ou municipaux sur les biens du patrimoine national.

Il sied de faire remarquer que l'on note encore une certaine faiblesse dans la protection juridique des lieux de mémoire au Congo, notamment en termes de délibérations départementales ou municipales les protégeant particulièrement. Une grande faiblesse dans les inventaires est aussi constatée à cause de l'insuffisance de moyens financiers alloués.

Tout cela fait que la politique congolaise concernant les lieux de mémoire reste encore à dynamiser.

4. Quels sont les lieux de mémoire au Congo ?

Le patrimoine culturel d'un pays comprend une catégorie particulière de biens. La liste ci-dessous présente, de façon non exhaustive, quelques lieux de mémoire emblématiques du Congo, répartis par département :

1). Département de Brazzaville

- Place de la liberté (à la gare Brazzaville)
- Place de la paix (au rond-point Moungali)
- Monument Robert Séphane Tchichellé (au rond-point 10 maisons à Moungali)
- Monument Jacques Opangault Opangault (rond-point de la Poste)
- Monument Fulbert Youlou (rond-point de la Mairie centrale)
- Mausolée Marien Ngouabi (Centre-ville)

- Stèle dédiée aux victimes de l'accident d'avion de l'UTA (Centre-ville)
- Stèle dédiée à De Brazza et ses compagnons (à la case De Gaulle)
- Les mutilés (Préfecture de Brazzaville)
- Borne indiquant la première case de Brazzaville (Mairie de Brazzaville)
- Monument des enfants de troupe (à Nganga Edouard)
- Colonne de l'indépendance (rond-point de la coupole)
- Case Makoko (à Ouenzé)
- Monument Victor Schœlcher (à la Milice)
- Obélisque du millénaire (rond-point Moungali)
- Cimetière des Hollandais (à Mpila)
- Square De Gaulle (en face de la Milice)
- Bustes de l'allée de la mémoire (rond-point du Ministère de la Défense National)
- Bustes de l'allée piétonne Johannes Melvin (à la Primature)

2). Département de Pointe-Noire

- Monument Antonetti (au rond-point de Printagnia)
- Monument de la France Libre dédié aux victimes de la Deuxième Guerre mondiale (au rond-point Kassaï)
- Stèle dédiée aux victimes de l'accident ferroviaire de Mvoungouti de septembre 1991 (Mongo Kamba)
- Monument de Jean Félix-Tchicaya (à Loandjili)
- Monument dédié à Monseigneur Godefroy Poaty (au rond-point Sympathique)

3). Département du Kouilou

- Ancien port d'embarquement des esclaves de Loango
- Ancien palais royal de Loango
- Mausolée des rois à Diosso

4). Département du Pool

- Grotte de Mabiala Ma Nganga (à Kinkembo)
- Annexe du Mausolée du Marien Ngouabi de Brazzaville (à Ignié)
- Domaine royal de Mbé
- Mausolée Matsoua André et ses compagnons (à Mayama)
- Monument Matsoua André (à Kinkala)

5). Département du Niari

- Arbre de De Brazza (à Moukondo)
- Monument en mémoire des morts de Nzoungou Kibangou (entrée du tunnel)
- Borne fontaine indiquant la piste des caravanes (à Dolisie)

6). Département de la Bouenza

- Borne indiquant la piste des caravanes (à Mouyondzi)

7). Département des Plateaux

- Monument de la fraternité (réalisé à l'occasion du centenaire de Gamboma)

8). Département de la Cuvette-Ouest

- La forêt sacrée de Gougui (à 8km d'Okoyo)
- Monument de Noël Ballay, dédié à l'un compagnon de Pierre Savorgnan De Brazza, délégué à la conférence de Berlin en 1884-1885 (à Okoyo)

9). Département de la Cuvette

- Borne indiquant l'Equateur (à Makoua)

10). Département de la Sangha

- Cimetière des Allemands (Mbirou)
- Monument de Mbirou

11). Département de la Likouala

- Monument du redoutable chef Ngbeto (à Bétou).

La République du Congo dispose ainsi d'une ressource patrimoniale abondante. Une politique de gestion de ces lieux de mémoire est aussi mise en œuvre dans le pays. Cependant, celle-ci souffre encore de beaucoup de faiblesses auxquelles il faille remédier.

II. LES SYMBOLIQUES CULTURELLES DE PAIX ET DE L'UNITE NATIONALE AU CONGO

La tenue de la Conférence Nationale Souveraine, à Brazzaville, du 25 au 10 juin 1990, a permis aux Congolais de toutes les couches et de toutes les obédiences de se retrouver, en vue non seulement de mettre en place de nouvelles bases politiques qui devraient relancer le Congo, mais aussi de se réconcilier.

Pour sceller la paix et l'unité nationale, les participants à cette grande messe vont adopter des résolutions de haute portée symbolique. Celles-ci ont été traduites en actes qui expriment la volonté du peuple congolais de vivre dans la concorde. Il s'agit particulièrement de :

1. La journée nationale de réconciliation

La journée de la réconciliation ou de la concorde est célébrée le 10 juin de chaque année, depuis le 10 juin 1991, date de la fin des travaux de la Conférence Nationale Souveraine. Cette réconciliation a été symbolisée ce jour-là par une cérémonie de lavement de mains réunissant tous les acteurs politiques de l'époque.

Dans le subconscient congolais, cette date est riche en signification en ce sens qu'elle marque la fin de plus d'une vingtaine d'années de parti unique et l'avènement de l'ère démocratique. A ce titre cette journée du 10 juin est essentiellement consacrée à la réflexion et au renforcement de l'idéal de concorde et de réconciliation nationale.

2. La cérémonie de lavement des mains

Le bilan de la gestion unipartite au Congo établi par la Conférence Nationale Souveraine était sombre, ponctuée de ce qui avait été qualifié de « crimes » tant au plan économique que politique. En bref, le Congo avait un passé « triste et honteux ». La volonté d'oublier ce passé et de réconcilier les fils et filles du pays devait passer, pour le président de la Conférence, Mgr Ernest Kombo, par une cérémonie hautement symbolique : le lavement des mains. Ce rituel qui consiste à réunir les frères ennemis est le symbole du nettoyage de toutes les souillures dont est couvert l'individu. Se déroulant le jour de la réconciliation nationale, le premier lavement de mains avait réuni le président Denis Sassou Nguesso, son prédécesseur Jacques Joachim Yhomby Opango (1977-1979) et d'autres acteurs politiques de l'époque.

3. Le nettoyage des cimetières

Le nettoyage des cimetières complète le lavement des mains, il s'agit pour les Congolais de mettre la propreté dans tous les cimetières du pays. Accompli le 10 juin 1991 à la fin des travaux de la Conférence Nationale Souveraine, cet acte était considéré comme une occasion de se souvenir des « victimes de l'intolérance et de la bêtise humaine ».

Pat ce geste, le peuple congolais accordait le pardon à tous ceux qui étaient morts à cause de leurs convictions politiques.

4. La forêt de l'unité nationale

Dans le souci de fortifier et de consolider la dynamique d'unité engagée par la Conférence Nationale Souveraine, la plantation d'une aire d'eucalyptus, dénommée « forêt de l'unité nationale » était décidée. Ainsi le 10 juin 1991, chacun des conférenciers s'est résolu à planter un arbre en signe de convenance à cette démarche d'unification du peuple. Cette cérémonie, relayée sur tout le territoire, marquait la fin d'une période de discrimination, source de nombreuses tensions entre communautés nationales. Tous les Congolais ou presque vont planter un arbre ; qui un manguier, qui un oranger, bref tout le monde s'est adonné à ce rituel en signe de pacification du climat politique et social.

A la fin de la Conférence Nationale Souveraine, tous les Congolais ont juré de se pardonner ; et, un Congo nouveau était né, avec une nouvelle ère fondée sur le principe d'égalité et de tolérance. De nombreux engagements ont été pris par le biais des symboles ci-dessus énumérés.

Si aujourd'hui dans le Congo profond, on peut trouver les vestiges des symboles initiés par les conférenciers, il reste que cette rhétorique sur la paix, le pardon, la réconciliation et l'unité nationale, n'a pas pour autant fait au peuple l'économie d'une confrontation entre ses composantes. Près de deux années après, le Congo tombait dans une véritable confusion politique sur fond de rivalités ethniques. Les leaders politiques ont ameuté les communautés ethniques pour organiser des marches et des manifestations contre le régime ou contre l'opposition au régime, emmenant le pays à des guerres civiles.

Pour faire face à cette situation d'instabilité sociale, une autre initiative très symbolique avait été envisagée.

5. Le train de la paix

Si le train de la paix s'inscrit également dans cette logique engagée depuis la Conférence Nationale Souveraine, cette initiative s'est cependant déroulée dans une période très particulière de la vie politique et sociale du Congo. En effet, c'est au sortir des affrontements interethniques qui ont endeuillé le Congo en 1993-1994 que la classe politique avec le soutien des pays voisins, avait organisé à Brazzaville, du 16 au 19 décembre 1994, sous l'égide du Directeur général de l'UNESCO, Fréderico MAYOR, un *Forum national pour la culture de paix* ». A l'issue de ce forum, un comité restreint avait été mis en place et, dans le cadre des solutions à la crise, les parlementaires issus des régions du Pool et du *Nibolek*[3], avaient pris l'initiative de la mise en circulation d'un train dénommé « train de la paix ».

Il faut toutefois signaler que cette initiative fait suite au communiqué interrégional Pool-pays du Niari du 30 janvier 1994. A la suite des affrontements de 1993-1994, le Parlement avait en effet, recommandé l'interpellation des députés et sénateurs des circonscriptions dans lesquelles des actes mettant en cause la paix sociale, avaient été perpétrés. A l'issue de cette interpellation, le principe de la circulation d'un train de l'unité dans le cadre de la recherche de la paix gravement menacée, avait été décidé par les parlementaires des régions concernées. Après avoir reconnu qu' « il n'existe pas de contentieux historique pouvant raisonnablement justifier les affrontements entre les populations du Pool et celles des pays du grand Niari unis par le sang, la langue et la culture »[4], pour symboliser l'union et la cohésion des deux entités ethno régionales, « le train de la paix » fit le trajet Brazzaville – Pointe-Noire, traversant la région du Pool, de la Bouenza et du Niari, régions impliquées dans le conflit.

Conscients du fait qu'historiquement rien ne prédisposait les populations de ces régions à s'opposer, les parlementaires, toutes tendances confondues ont, dans un souci d'unité, entrepris le voyage. Si cette unité visait les hommes politiques entre eux, qui ne devraient plus se considérer comme des ennemis mais comme des adversaires, elle visait aussi la réconciliation entre le peuple et la politique dont le discours frise l'incitation à la haine.

Là encore, cette cérémonie a offert l'occasion aux leaders politiques de jurer que de telles extrémités n'avaient pu droit de citer dans la pratique politique.

---

[3] Le terme *Nibolek* est un acronyme formé à partir des premières syllabes de trois régions : le Niari, la Bouenza et la Lékoumou. La base politique de Pascal Lissouba demeurait principalement dans ces territoires qui reçurent le nom de Niboland.

[4] - Communiqué final de la réunion interrégionnale Pool-pays du Niari tenue du 28 au 30 janvier 1994 à Brazzaville.

Pour un citoyen quelconque, la plantation d'un arbre de paix, la cérémonie de lavement des mains, le nettoyage des cimetières, l'organisation d'un train de la paix, etc, ne sont que des représentations symboliques sans impact. Mais dans l'imaginaire politique congolais, ces représentations conçues à une époque bien précise, ont une profonde signification.

III. LES BASES LEGALES DE L'INVENTAIRE DU PATRIMOINE CULTUREL AU CONGO

L'inventaire peut être défini comme étant une revue ou une étude minutieuse. C'est une opération qui consiste à recenser l'actif et le passif d'une communauté ; il est une activité pérenne puisqu'il doit être sans cesse mis à jour.

Au Congo, pour réaliser l'inventaire du patrimoine culturel et naturel, l'action de l'État prend appui sur un cadre normatif international et national.

1. Le cadre normatif international

Dans ce registre, nous avons essentiellement des conventions internationales ratifiées par le Gouvernement de la République. Il s'agit notamment des conventions suivantes :

-la convention pour la sauvegarde du patrimoine culturel immatériel de l'humanité de 2003, adoptée par la Conférence générale de l'UNESCO le 17 octobre 2003.

Elle oblige les Etats parties à réaliser des inventaires du patrimoine culturel immatériel présent sur leurs territoires pour des fins de sauvegarde de ce type de patrimoine.

La Convention est entrée en vigueur en 2006 à la suite de sa ratification par 30 Etats parties. Elle fait suite au programme de la « Proclamation des chefs-d'œuvre du patrimoine oral et immatériel de l'humanité ». Depuis elle a été ratifiée par de nombreux Etats, dont la République du Congo, le 31 décembre 2010. Cet instrument international répond à la nécessité de redéfinir la notion de patrimoine, apportant ainsi une reconnaissance aux formes d'expression culturelles qui n'entrent pas dans la conception matérielle du patrimoine telle que définie par la Convention de 1972 pour la protection des sites et des monuments, naturels et culturels.

Selon l'article 2 de la Convention, le terme de **patrimoine culturel immatériel (PCI)** désigne « les pratiques, représentations, expressions, connaissances et savoir-faire (ainsi que les instruments, objets, artefacts et espaces culturels qui leur sont associés) que les communautés, les groupes et, le cas échéant, les individus reconnaissent comme faisant partie de leur patrimoine culturel ».

Ce patrimoine vivant, transmis de génération en génération, « est recréé en permanence par les communautés et groupes en fonction de leur milieu, de leur interaction avec la nature et de leur histoire, et leur procure un sentiment d'identité et de continuité ». Il se manifeste notamment dans les traditions et expressions orales, les arts du spectacle, les pratiques sociales, rituels et événements festifs, les connaissances et pratiques concernant la nature et l'univers, ainsi que les savoir-faire liés à l'artisanat traditionnel.

L'objectif central de la Convention est la sauvegarde du **patrimoine culturel immatériel**, le terme de sauvegarde désignant un ensemble de mesures formant une chaîne de traitement patrimonial afin d'assurer la viabilité effective du PCI :

- identification et recensement
- documentation, étude et recherche
- protection
- transmission par l'éducation formelle et non-formelle
- valorisation et revitalisation.

En République du Congo, c'est **Direction Générale du Patrimoine et des Archives**, au sein du Ministère de l'Industrie Culturelle, Touristique, Artistique et des Loisirs, qui est chargée de coordonner la mise en œuvre de la Convention.

-la convention de l'UNESCO sur la protection et la promotion de la diversité des expressions culturelles sur leurs territoires de 2005

Elle demande aux Etats parties de protéger et de promouvoir les diversités culturelles sur leurs territoires.

Cette convention est entrée en vigueur en mars 2007 et a été ratifiée par la République.

La **Convention sur la protection et la promotion de la diversité des expressions culturelles** est un traité adopté en octobre 2005 à Paris durant la 33e session de la Conférence générale de l'Organisation des Nations unies pour l'éducation, la science et la culture (UNESCO) en réaffirmant et se référant à la Déclaration universelle des droits de l'homme et à la Déclaration universelle de l'UNESCO sur la diversité culturelle.

La Convention de 2005 est née de la volonté de « concilier les objectifs apparemment inconciliables des politiques culturelles ou de la protection de la diversité culturelle d'une part, et les politiques commerciales ou la libéralisation du commerce international de l'autre ». Le concept de diversité des expressions culturelles est l'aboutissement d'un changement de paradigme dans la manière d'envisager le statut particulier de la culture dans les relations internationales, en en particulier dans le cadre d'accord visant à libéraliser les échanges commerciaux. Il succède aux concepts d'exception culturelle ou d'exemption culturelle apparus durant les années 80. La prise de conscience de la part de certains États des impacts de la libéralisation des échanges économiques sur leurs politiques culturelles est l'élément déclencheur de l'émergence du concept de diversité culturelle[2] et du besoin de protéger la diversité des expressions culturelles, notamment en raison de la force du marché des films hollywoodiens.

D'abord, la notion de « diversité culturelle » est facilement confondue avec les termes analogues « interculturalité », « interculturalisme », « multiculturalisme » ou « pluralisme culturel ». Au sens de la Convention de

2005, la « Diversité culturelle renvoie à la multiplicité des formes par lesquelles les cultures des groupes et des sociétés trouvent leur expression. Ces expressions se transmettent au sein des groupes et des sociétés et entre eux. La diversité culturelle se manifeste non seulement dans les formes variées à travers lesquelles le patrimoine culturel de l'humanité est exprimé, enrichi et transmis grâce à la variété des expressions culturelles, mais aussi à travers divers modes de création artistique, de production, de diffusion, de distribution et de jouissance des expressions culturelles, quels que soient les moyens et les technologies utilisés ».

Cette définition crée le lien avec la *Déclaration universelle sur la diversité culturelle,* mais également avec la notion « d'expression culturelle ». Elle renvoie également au « patrimoine culturel de l'humanité », qui inspire à la fois le « patrimoine commun de l'humanité » et la *Convention sur le patrimoine culturel immatériel.* Cet entrelacement de notions juridiques encourage une compréhension globale de chacune d'elles afin de cerner ce qu'est la « diversité culturelle ».

2. Le cadre normatif national

A ce niveau, le Congo dispose des textes suivants :

-la Constitution

-les lois

-les décrets

-les arrêtés.

S'agissant de la Constitution, c'est celle adoptée le 25 octobre 2015. Elle garantit, en son, article 28 le droit à la culture de tous les citoyens.

En ce qui concerne les lois, le Congo a deux lois essentielles qui se rapportent aux inventaires :

-la loi 8-2010 du 26 juillet 2010 portant protection du patrimoine national culturel et naturel qui, répondant au souci de protection des biens culturels et naturels, recommande leur inscription à l'inventaire aux articles 8, 9 et 10.

Cette loi institue et protège le patrimoine national culturel et naturel, stipulant en son article 1er que le patrimoine national culturel et naturel est un héritage commun pour la nation congolaise. Sa protection, sa sauvegarde et sa valorisation sont assurée par l'État. De ce fait, il peut exercer sur ces biens différentes procédures : revendication, acquisition, expropriation pour cause d'utilité publique, inscription à l'inventaire, classement. Cette loi réglemente, par ailleurs, la protection des fouilles archéologiques, et la circulation des biens culturels et prévoit des sanctions pécuniaires et pénales à l'encontre d'auteurs d'infractions.

La lecture de cette loi permet de savoir ce qu'est le patrimoine national culturel et naturel et de faire la distinction entre le patrimoine national culturel et le patrimoine national naturel. Ainsi, selon l'article 2 de la Loi N°8-2010, on entend par patrimoine national culturel, l'ensemble des biens meubles et immeubles qui, à titre religieux ou profane, revêtent un intérêt pour l'histoire, l'art, la science et la technique.

Par biens meubles, on entend, les biens culturels qui peuvent être déplacés sans dommage pour eux-mêmes et pour l'environnement.

Par biens immeubles, on entend les biens culturels et naturels qui, soit par nature, soit par destination ne peuvent être déplacés sans dommage pour eux-mêmes et pour l'environnement.

L'article 3 mentionne que le patrimoine national naturel est l'ensemble des formations physiques, géologiques et biologiques qui existent indépendamment de la création humaine et ayant un intérêt du point de vue de la beauté naturelle, de la science et de la conservation, tels que les forêts, les fleuves, les chutes.

Entrent dans cette définition les biens constitutifs du patrimoine national culturel et naturel tels que :

• les produits des fouilles et découvertes archéologiques ;

• les objets de plus de 50 ans d'âge validés par la commission nationale du patrimoine national culturel et naturel, tels que les inscriptions, les monnaies, les sceaux gravés et les objets d'ameublement ;

• les manuscrits rares et incunables ;

• les documents et publications anciens ou d'intérêt spécial, isolés ou en collection ;

• les biens concernant l'histoire des sciences et des techniques, l'histoire militaire et socio-économique ainsi que la vie des illustres personnalités, les évènements d'importance nationale ;

• les pièces et collections philatéliques et numismatiques ;

• les archives y compris les archives photographiques, phonographiques et cinématographiques ;

• les biens d'intérêt artistique rares tels que : tableaux de peinture et dessins faits à la main, sur tout support et en toutes matières, productions originales de l'art statutaire et de la sculpture en toutes matières, gravures, estampes et lithographies originales, tapisseries, tissages, assemblages et montages originaux en toutes autres matières ;

• le matériel ethnographique : parures, objets de culte, instruments de musique anciens, produits de la pharmacopée, objets culinaires et vestimentaires ;

• les collections et spécimens rares de zoologie, de botanique, de minéralogie et d'anatomie ;

• les éléments provenant d'un monument artistique, historique ou d'un site culturel et   naturel ;

• les monuments : œuvres architecturales, sculptures ou peintures monumentales, éléments ou structures de caractère archéologique, inscriptions, grottes et groupes d'éléments présentant un intérêt pour l'histoire, l'anthropologie, l'art ou la science ;

• les ensembles : groupes de construction isolés ou réunis qui, en raison de leur architecture, de leur unité ou de leur intégration dans le paysage ont une valeur du point de vue de l'histoire, de l'art ou de la science ;

• les sites : œuvres de l'homme ou œuvres conjuguées de l'homme et de la nature ainsi que les zones y compris les sites archéologiques, qui ont une valeur du point de vue historique, anthropologique ou esthétique.

-la loi 9-2010 du 26 juillet 2010 portant orientation de la politique culturelle qui reconnait l'Etat comme principal promoteur du développement culturel.

Cette loi enjoint à l'Etat et aux citoyens la protection et la promotion du patrimoine national et culturel.

Ce texte réaffirme la volonté de l'Etat d'être le principal promoteur du développement culturel. Selon l'article 5, le patrimoine culturel national est la propriété collective des congolais qui ont le devoir de le respecter, de l'enrichir, de le protéger et de le promouvoir. Il reconnaît à la culture une place centrale dans le développement national. L'État conçoit, oriente, coordonne et contrôle la politique culturelle de la nation. Il crée les conditions favorables à sa mise en œuvre dans le respect des différences et des spécificités culturelles nationales. Il favorise la participation à l'action culturelle des opérateurs culturels privés, des organisations non gouvernementales et de toute personne ressource physique ou morale. Cette loi prévoit la création dans tous les chefs-lieux de département et de district, dans chaque commune ou arrondissement, un centre culturel sous forme d'établissement public. Elle institue un conseil national de la culture et des arts chargé d'émettre des avis sur toutes les questions liées au développement de la culture et des arts.

Pour ce qui est des décrets, le Congo en a produit quatre sur la question :

-le décret N°2010-42 du 28 janvier 2010 portant organisation du Ministère de la Culture et des Arts

Ce décret décline la structuration du Ministère de la Culture et des Arts et institue, en son article 9, la Direction Générale du Patrimoine et des Archives ;

-le décret N°2010-44 du 28 janvier 2010 portant attributions et organisation de la Direction Générale du Patrimoine et des Archives qui fait de la Direction Générale du Patrimoine et des Archives l'organe chargé de réaliser les inventaires du patrimoine culturel et naturel ;

-le décret N°2019-200 du 12 juillet 2019 déterminant les modalités de protection des biens culturels, des sites sacrés et des sites spirituels des populations autochtones.

Ce décret détermine, en application de l'article 47 de la loi n°5-2011 du 25 février 2011 portant promotion et protection des droits des populations autochtones, les modalités de protection des biens culturels, intellectuels, religieux et spirituels des populations autochtones, ainsi que l'intégrité des sites sacrés ou spirituels leur appartenant. Ce qui sous-tend une manière particulière de réaliser des inventaires en milieu autochtone en tenant compte de certaines spécificités ;

-le décret N°2019-271 du 19 septembre 2019 portant attributions, composition, organisation et fonctionnement de la Commission Nationale du Patrimoine Culturel et Naturel

Ce décret fixe, en application des dispositions de l'article 24 de la loi n°9-2010 du 26 juillet 2010 portant orientation de la politique culturelle, les attributions, la composition, l'organisation et le fonctionnement de la commission nationale du patrimoine culturel et naturel. La commission nationale du patrimoine culturel et naturel est un organe consultatif chargé de statuer sur toutes les questions concernant la protection, la sauvegarde, la promotion et la valorisation du patrimoine national culturel et naturel. A ce titre, elle délibère sur : l'inscription sur la liste nationale du patrimoine et/ou liste indicative des biens culturels et naturels (meubles et immeubles) appartenant à l'État, aux collectivités locales et aux associations ou aux personnes physiques ou morales, qui présentent un intérêt du point de vue de l'histoire, de l'art, de la science et de la technique ; l'inscription des éléments du patrimoine culturel immatériel sur les différents registres et listes ; l'inscription sur la liste nationale du patrimoine et/ou liste indicative, des biens du patrimoine culturel subaquatique ; le déclassement d'un bien de la liste nationale du patrimoine et/ou liste indicative lorsque cesse d'exister l'intérêt historique, artistique, scientifique ou technique de celui-ci ; la destruction, le démembrement, la dénaturation, l'exportation et le transfert de tout ou partie des biens constitutifs du patrimoine national culturel et naturel ; l'érection ou la construction des monuments dédiés aux personnalités congolaises ou étrangères ayant marqué l'histoire ; le vol, la perte ou la destruction d'un bien classé sur la liste nationale du patrimoine et/ou la liste indicative ; la délivrance ou le retrait d'un permis de réalisation d'opérations de fouilles archéologiques en cas de nécessité ; tout projet de sauvegarde et de restauration du patrimoine national culturel et naturel ; la création des musées.

Enfin, en ce qui concerne les arrêtés, un seul a été pris en rapport avec la question des inventaires. Il s'agit de **l'arrêté N°2253 du 17 avril 2018 portant attributions des services et bureaux de la Direction Générale du Patrimoine et des Archives** qui précise des directions centrales de la Direction Générale du Patrimoine et des Archives habilités à réaliser les inventaires.

A ce stade, nous pouvons affirmer que le Congo s'appuie sur des cadres normatifs international et national pour réaliser ses inventaires à bon escient.

CONCLUSION

Avec l'effondrement des valeurs très remarqué dans les sociétés actuelles, l'éducation à la citoyenneté est devenue indispensable pour contribuer au changement des mentalités. C'est dans ce cadre que s'inscrit cet ouvrage qui, sur environ cent pages a mis en évidence la place qu'occupent les valeurs de la République dans la construction de la nation congolaise.

Chacune des quatre parties qui composent cet opuscule fournit de précieux renseignements destinés à édifier le citoyen congolais. Ainsi, la première partie s'est appesantie sur la naissance de la République du Congo : la proclamation de la République avec les actes symboliques posés en ce jour mémorable du 28 novembre 1958 ; la proclamation de l'indépendance, le 15 août 1960. Cette partie fait aussi le point sur les accords bilatéraux conclus entre la France et le Moyen-Congo, avant de présenter les pionniers de l'indépendance. Ce sont les personnalités politiques les plus en vue entre 1958 et 1960 triées sur le volet, à partir des critères objectifs.

La deuxième partie met en exergue les différentes fêtes institutionnalisées au Congo ; peu importe leur nature (religieuse, politique et autre).

La troisième partie est, sans doute, la plus importante du fait qu'elle se focalise sur les valeurs de la République proprement dites. Ces valeurs du Congo souverain sont traduites à travers des symboles valant leur pesant d'or, sans oublier celles qui fondent une vraie démocratie ; autrement dit des valeurs qui, dans l'idéal, font du Congo un pays où le pouvoir d'État émane du peuple souverain, est exercé par le peuple à travers ses élus...rien qu'à son profit. Car, faut-il le rappeler la démocratie est banalement définie comme étant « le pouvoir du peuple par le peuple ».

La quatrième et dernière partie fait l'inventaire du patrimoine culturel du Congo. Ce patrimoine, matériel et immatériel, englobe les lieux de mémoire, les symboles incitant à la paix et l'unité nationale, sans compter les bases légales du patrimoine culturel du Congo.

Avec un tel contenu, ce livre qui se trouve à la croisée du Droit et de l'Histoire, est loin d'être un ouvrage superfétatoire dans un pays où la naissance d'un citoyen nouveau, conscient et responsable est l'une des priorités gouvernementales.

BIBLIOGRAPHIE

1. Ouvrages

AISSI A.M., Djombo H., Mukala Kadima-Nzuzi., Mampouya J., 2010, *République du Congo. Cinquante ans de la vie politique 1960-2010,* Brazzaville, Les Editions Hemar.

AMANRICHE F. 2001, *Comprendre les systèmes politiques,* Paris, Chronique Sociale.

BAMBI J-G., 1980, *Chronologie des principaux faits et événements au Congo 1482-1979,* T. 1, Kinshasa, Presses des grandes imprimeries zaïroises, 3è Edition.

BAZENGUISSA GANGA R., 1997, *Les voies du politique au Congo Brazzaville, essai de sociologie historique,* Paris, Karthala.

BISSENGHOSSOLA Ch., 2011, *Kikhounga-Ngot, l'homme et son œuvre,* Mémoire de CAPES d'histoire, Brazzaville, ENS-UMNG.

BOUTET R., 1990, *Les Trois Glorieuses ou la chute de Youlou,* Dakar, Editions Chaka.

COMMISSION NATIONALE ELECTORALE INDEPENDANTE., 2020, *Recueil de textes sur les élections,* Brazzaville, Imprimerie du Journal officiel.

DIBAKANA MOUANDA J-A., 2012, *101 personnalités qui ont marqué les 50 ans (1960-2010) du Congo-Brazzaville,* Paris, L'Harmattan.

DOCKES E., 2004, *Valeurs de démocratie : huit notions fondamentales,* Paris, Dalloz.

GOERG (O. sous la direction de)., 1999, *Fêtes urbaines en Afrique. Espaces, identités et pouvoirs,* Paris, Karthala.

ITOUA J., 2022, *Robert Stéphane Tchichellé. L'honneur de servir,* Paris, L'Harmattan.

ITOUA J., 2024, *Jacques Opangault. Le combat d'un homme pour son pays (1907-1978),* Paris, L'Harmattan.

KISSITA A., 2012, *Fulbert Youlou et le projet du parti unique : fondements historiques et politiques,* Paris, Editions Paari.

KOURISSA J.D.D., 2016, *Vivre ensemble. Quelles perspectives au Congo ?* Paris, L'Harmattan.

KOUVIBIDILA G-J., 2000, *Histoire du multipartisme au Congo-Brazzaville : la marche à rebours 1940-1991,* Paris, L'Harmattan.

MAVOUNGOU E., 2016, *Jean Félix-Tchicaya (1903-1961). Premier parlementaire du Moyen-Congo et du Gabon à l'Assemblée constituante et à l'Assemblée nationale française,* Paris, L'Harmattan.

MBEMBA-DYA-BA-BENAZO-MBANZULU R., 2009, *Plaidoyer pour l'Abbé Fulbert Youlou, Premier Président de la République du Congo-Brazzaville, 21 novembre 1959-15 août 1963,* Paris, L'Harmattan.

MORFAUX L.M., 1980, *Vocabulaire de la philosophie et des sciences humaines,* Paris, A. Colin.

MOUKOKO Ph., 1999, *Dictionnaire général du Congo Brazzaville,* Paris, L'Harmattan.

NORA P (sous la direction de)., 1984, *Les lieux de mémoire. La République, la Nation I, la Nation II,* Paris, Gallimard.

NORA P (sous la direction de)., 1992, *Les lieux de mémoire. III, Les Frances.3, De l'archive à l'emblème,* Paris, Gallimard.

OBENGA Th., 1987, *Jacques Opangault. Discours et Ecrits politiques,* Paris, Présence Africaine.

OLLANDET J., 2007, *Tchicaya, Opangault, Youlou. Vie politique au Congo Brazzaville 1945-1964,* Brazzaville, La Savane.

ORGANISATION INTERNATIONALE DES FEMMES POUR LA DEMOCRATIE., 2010, *Guide des valeurs démocratiques,* Paris, L'Harmattan.

POLIN R., 1997, *La République entre démocratie sociale et démocratie aristocratique,* Paris, Presses Universitaires de France.

SINDA M., 1972, *Le messianisme congolais et ses incidences politiques Kimbanguisme- matsouanisme-autres mouvements,* Paris, Payot.

SORET M., 1978, *Histoire du Congo. Capitale Brazzaville,* Paris, Berger-Levrault.

TSIAKAKA A., *L'Abbé Fulbert Youlou, la mémoire du Congo-Brazzaville,*

WAGRET J-M., 1963, *Histoire et sociologie politique du Congo Brazzaville,* Paris, R. Pichon et 1. Durand-Aris.

2. Articles

DEGENNE COLAS I., « *Les valeurs de la République dans l'histoire des programmes scolaires* » in Administration & Éducation 2015/4 (N° 148), p. 61-68.

3. Thèses et mémoires

3.1. Thèses

GOMA-THETHET J.E., 2015, *Les alliances dans la vie politique du Congo (1945-1997),* Thèse de Doctorat d'Etat d'histoire, Brazzaville, FLSH-UMNG.

KITSIMBOU X-B., 2001, *La démocratie et les réalités ethniques au Congo,* Thèse de Doctorat en sciences politiques, Nancy

MAKAYA B.B.M., 2019, *Jean Félix-Tchicaya et l'évolution politique du Congo de 1945 à 1961,* Thèse de doctorat unique d'histoire, Brazzaville, FLASH-UMNG.

3.2. Mémoires

EBANA P., 2015, *Jacques Opangault : l'homme et son œuvre (1907-1978),* Mémoire de Master Enseignement, option Histoire-géographie, Brazzaville, ENS-UMNG.

GOMA-NGOYI J., 2011, *L'Abbé Fulbert Youlou et la première République congolaise de 1958 à 1963,* Mémoire de CAPES d'histoire, Brazzaville, ENS-UMNG.

LITOUNDZI G., 1991, *Les brazzavillois face aux partis politiques de 1945 à 1960,* Mémoire de DES d'histoire, Brazzaville, FLSH-Université Marien Ngouabi.

MBOUNGOU MASSALA R.R., 2015-2016, *Les fêtes à Brazzaville de 1945 à 2002,* Mémoire de Master d'Enseignement, Mention Sciences Humaines, Parcours Histoire-Géographie, Option Histoire contemporaine, Brazzaville, ENS-UMNG.

ONDONGO N., 2008-2009, *La grande chancellerie des ordres nationaux : problèmes et perspectives,* Mémoire pour l'obtention du diplôme de l'Ecole Nationale d'Administration et de Magistrature (ENAM), cycle supérieur, Filière Administration Générale, Département des carrières de l'administration générale, Brazzaville, ENAM-UMNG.

4. Documents divers

Acte de la Conférence Nationale Souveraine N°002-91-PCN-RG du 17 mai 1991 portant restauration des symboles de la République, Journal officiel, Edition spéciale, Juin 1991.

Arrêté N°2253 du 17 avril 2018 portant attributions des services et bureaux de la Direction Générale du Patrimoine et des Archives.

CONSTITUTION DE LA REPUBLIQUE DU CONGO DU 25 octobre 2015.

Convention pour la sauvegarde du patrimoine culturel immatériel de l'humanité de 2003.

Convention sur la protection et la promotion de la diversité des expressions culturelles sur leurs territoires de 2005.

Décret N°63-262 du 12 août 1963 fixant les armoiries de la République du Congo, Journal officiel N°19 du 15 août 1963.

Décret N°2010-42 du 28 janvier 2010 portant organisation du Ministère de la Culture et des Arts.

Décret N°2010-44 du 28 janvier 2010 portant attributions et organisation de la Direction Générale du Patrimoine et des Archives.

Décret N°2019-200 du 12 juillet 2019 déterminant les modalités de protection des biens culturels, des sites sacrés et des sites spirituels des populations autochtones.

Décret N°2019-271 du 19 septembre 2019 portant attributions, composition, organisation et fonctionnement de la Commission Nationale du Patrimoine Culturel et Naturel.

JOURNAL OFFICIEL., 2010, *Indépendance de la République du Congo. 15 août 1960, 182p.*

Loi constitutionnelle N°8 du 18 août 1959, Journal officiel N°23 du 15 septembre 1959.

Loi constitutionnelle N°9 du 3 novembre 1959 relative à la devise de la République du Congo, Journal officiel N°28 du 15 novembre 1959.

Loi constitutionnelle N°10 du 21 novembre 1959 relative à l'hymne national de la République du Congo, Journal officiel N°29 du 1ᵉʳ décembre 1959.

Loi constitutionnelle N°5-61 du 11 janvier 1961 relative au sceau de la République, Journal officiel N°2 du 15 janvier 1961.

Loi 8-2010 du 26 juillet 2010 portant protection du patrimoine national culturel et naturel.

Loi 9-2010 du 26 juillet 2010 portant orientation de la politique culturelle.

MINISTERE DE L'ENSEIGNEMENT PRIMAIRE, SECONDAIRE ET DE L'ALPHABETISATION. INSTITUT NATIONAL RECHERCHE ET D'ACTION PEDAGOGIQUE., 2011, *Education civique et morale & Education pour la paix, Mon livret citoyen. Manuel de l'élève du Cours moyen (CM),* Brazzaville, INRAP/Congo.

PANDI J., 2000, *La proclamation de l'indépendance du Congo : « Jour un » le 15 août 1960.*

REPUBLIQUE DU CONGO, *Les symboles de la République,* Journal officiel, 2ᵉᵐᵉ édition 2009.

VISION POUR DEMAIN., 2006, *Les gouvernements de la République du Congo,* Document N°20, Brazzaville.

TABLE DES MATIERES

I want morebooks!

Buy your books fast and straightforward online - at one of world's fastest growing online book stores! Environmentally sound due to Print-on-Demand technologies.

Buy your books online at
www.morebooks.shop

Achetez vos livres en ligne, vite et bien, sur l'une des librairies en ligne les plus performantes au monde!
En protégeant nos ressources et notre environnement grâce à l'impression à la demande.

La librairie en ligne pour acheter plus vite
www.morebooks.shop

Printed by Books on Demand GmbH, Norderstedt / Germany